MICHAEL GIENGER

Die Heilsteine der Hildegard von Bingen

Das Hausbuch der Steinheilkunde
Neue Erkenntnisse zu alten Weisheiten

Mit Fotos von Ines Blersch

MOSAIK VERLAG

Hinweis des Verlages

Die Angaben in diesem Buch sind nach bestem Wissen und Gewissen zusammengestellt, die Heilwirkungen der Steine, vor allem auch die mittelalterlichen Überlieferungen Hildegards von Bingen sorgfältig überprüft. Da jeder Mensch aufgrund seiner individuellen Konstitution jedoch unterschiedlich reagiert, können weder Verlag noch Autor im Einzelfall eine Garantie für die Wirksamkeit oder Unbedenklichkeit der Anwendungen übernehmen. Dieses Buch ersetzt keinen ärztlichen oder therapeutischen Rat. Wenden Sie sich daher bei ernsten gesundheitlichen Beschwerden an ihren Arzt oder Heilpraktiker.

Redaktionsleitung: Halina Heitz
Redaktion: Herbert Scheubner, Gräfelfing
Umschlaggestaltung: Eva Wenger, München

Der Mosaik Verlag ist ein Unternehmen der Verlagsgruppe Bertelsmann

© 1997 Mosaik Verlag GmbH, München / 5 4 3 2 1
Reproduktionen: Artilitho, Trento
Satz: Filmsatz Schröter GmbH, München
Druck und Bindung: Alcione, Trento
Printed in Italy
ISBN 3-576-10651-0

Inhalt

Vorwort	7
Weisheit und Wissenschaft	10
Das Buch von den Steinen	16
Der Smaragd	18
Der Hyazinth (Zirkon)	24
Der Onyx (Achat)	30
Der Beryll	36
Der Sardonyx	40
Der Saphir (Lapislazuli)	46
Der Sarder	54
Der Topas	60
Der Chrysolith (Olivin Peridot)	66
Der Jaspis (Heliotrop)	70
Der Prasem	78
Der Chalcedon	82
Der Chrysopras	86
Der Karfunkel (Granat)	92
Der Amethyst	98
Der Achat (Jaspis)	102
Der Diamant	108
Der Magnetstein (Magnetit)	112
Der Ligurius (Bernstein)	116
Der Kristall (Bergkristall)	120
Die Margariten (Kalkoolith)	124
Die Perlen	128
Der Karneol	132
Der Kalk	134
Der Alabaster	136
Die übrigen Steine	137
Nachweis der abgebildeten Mineralien	138
Literaturverzeichnis	139
Kontaktadresse Steinheilkunde	140
Sachwortverzeichnis	141

WIDMUNG

Dieses Buch ist meiner lieben Frau Anja
und allen Menschen gewidmet,
die mit uns den Traum
einer glücklichen Welt träumen.

»Der Mensch stand auf,
entfacht vom Lebenshauch seiner Seele,
und erkannte die gesamte Schöpfung.
In seinem Geiste und mit herzlicher Liebe
schloß der Mensch alle Welt in seine Arme.«
Hildegard von Bingen

HILDEGARD VON BINGEN erreichte in unserem Jahrhundert eine beachtliche Bekanntheit, wie es nur wenigen Persönlichkeiten des Mittelalters vergönnt ist, an denen der schulische Geschichtsunterricht in weiter Ferne vorbeigeht. Dabei ist gerade Hildegard von Bingen dazu geeignet, uns ein tieferes Bild jener Epoche zu vermitteln, die wir so schnell als »finster« abkanzeln, da uns nur die Jahreszahlen von Schlachten und Grausamkeiten gelehrt werden.

Im Werk Hildegards von Bingen finden wir die helle Seite des Mittelalters mit seiner immensen Geisteskraft und dem noch vorhandenen Wissen um die Einheit von Mensch und Schöpfung. Der Verlust eben jener Einheit ist es, der uns heute wieder zu altem Wissen und traditioneller Überlieferung zurückführt. »Der Verstand des Menschen lebt im 20. Jahrhundert, seine Seele weilt jedoch noch im Mittelalter« – diesen Spruch gab mir vor Jahren ein befreundeter Naturarzt mit auf den Weg; in der Beschäftigung mit Hildegard von Bingen begann ich ihn allmählich zu verstehen.

Wir leben in einer Zeit, in der Menschen ins Innere der Atome blicken und auf den Mond fliegen, und doch sind wir den eigentlichen Fragen unseres Lebens, dem Woher, Wohin und dem Sinn unseres Daseins nicht wesentlich näher gekommen als die Menschen des Mittelalters. Im Gegenteil, sind wir doch dank Materialismus und Wissenschaft der geistigen Welten beraubt, die den Menschen vor 800 Jahren noch selbstverständlich waren. Wie soll uns da eine gesunde und glückliche Existenz möglich sein, wenn Zweifel und Unsicherheit über diese Lebensfragen an uns nagen?

Hildegard von Bingen hat hier erstaunliche Antworten parat. Sie sieht jeden Menschen an einem ganz bestimmten Platz in der Einheit der Schöpfung mit ganz konkreten Aufgaben betraut. Diesen Platz wiederzufinden und die eigene Aufgabe zu erfüllen, ist das Ziel ihrer gesamten Heilkunde. Insofern ist Hildegard von Bingen die Ahnherrin der Ganzheitsmedizin, die sie viel umfassender definiert, als wir es heute mit den Aspekten gesunder Ernährung, Streßvermeidung, Hygiene und Gesundheitsvorsorge tun.

Auch in ihrem »Buch von den Steinen« bezieht sich Hildegard von Bingen schon zu Beginn auf den biblischen Fall des Engels Luzifer, der für sie immer wieder den geistigen Hintergrund für den Sündenfall des Menschen bildet, für unsere Absonderung aus der Einheit des Kosmos. Dabei ist Hildegard von Bingen beileibe keine Moralpredigerin, sondern in einer für das Mittelalter erstaunlichen Weise dem Leben und der Schöpfung gegenüber positiv eingestellt.

Wo ihre Kollegen die Erde als elendes Jammertal verdammen, predigt sie die Schönheit und göttliche Natur der Schöpfung. Nicht davonzufliehen ins Jenseits ist der Kern ihrer Heilslehre, sondern gerade in diesem Leben die Einheit mit dem Kosmos wiederzufinden. Das spiegelt sich auch in ihrem Verhältnis zu den Edelsteinen wider, die in klerikalen Kreisen des Mittelalters als teuflische Verführungen betrachtet und (zumindest vordergründig) strikt abgelehnt wurden. Dieser Betrachtung stellt sich Hildegard vehement entgegen, indem sie die Edelsteine zu göttlichen Heilmitteln erhebt.

Die Folgen jener geistigen Einstellung, in der sich der Mensch von seinem Auftrag als Pfleger und Bewahrer der Erde abwendet und zum Ausbeuter und Benutzer wird, spüren wir heute deutlicher als die Menschen des Mittelalters. Insofern war die Botschaft Hildegards von Bingen ihrer Zeit um 800 Jahre voraus, kein Wunder, daß sie damals nur von wenigen verstanden wurde, und manche ihrer Werke erst in unserem Jahrhundert nun veröffentlicht wurden. Hoffentlich erweisen wir uns inzwischen als reif genug, ihre Botschaft zu verstehen. Es ist tatsächlich höchste Zeit.

Meine persönliche Begegnung mit den Werken Hildegards von Bingen geschah zwangsläufig durch ihr »Buch von den Steinen«. Unter allen antiken und mittelalterlichen Quellen zur Heilkunde der Edelsteine waren Hildegards Texte für mich eigentümlich vertraut, viel näher als Plinius, Dioskurides, Marbodus von Rennes oder Konrad von Megenberg. Hildegard von Bingen schien mir aus der Seele zu sprechen, und von Anfang an hatte ich zu ihren Anweisungen und heilkundlichen Beschreibungen großes Vertrauen.

Dieses Vertrauen wurde nie enttäuscht. In den vergangenen zwölf Jahren steinheilkundlicher Forschung konnte ich nach und nach die Wirksamkeit jeder einzelnen Darstellung überprüfen. Hinzu kam im Laufe der Zeit die Erkenntnis, daß ihre sinnbildlichen Beschreibungen von der Entstehung der Steine tatsächlich den modernen mineralogischen Fakten entsprechen, wenn man sie in unsere heutige Sprache zu übersetzen weiß.

Daraus entstand der Wunsch, Hildegards Heilkunde der Edelsteine ausführlich der Öffentlichkeit vorzustellen. Denn es tut mir in der Seele weh, sie in vielen Veröffentlichungen aufgrund mangelnder Kenntnisse noch immer mißverstanden zu wissen. Frühe Übersetzer hielten Hildegards heilkundliche Werke »Liber simplis medicinae« (heute »Physica«) und »Liber compositae medicinae« (heute »Causae et Curae«) sowieso für medizinisch wertlos. Mit dem Erblühen der Hildegard-Medizin in unserem Jahrhundert wurden die medizinischen Anweisungen dann zwar rehabilitiert und angewendet, ihre Beschreibungen der Edelstein-Entstehung wurden jedoch als mystisch und unverständlich abgetan. Dem hätte sich sicherlich auch die Mineralogie angeschlossen, wenn eine mineralogische Auseinandersetzung überhaupt erfolgt wäre.

Doch die fand leider auch nicht statt. Aus diesem Grund sind in weiten Teilen der Literatur 8 der 24 bei Hildegard beschriebenen Heilsteine noch falsch übersetzt. – In diesem Buch möchte ich nun Hildegards mineralogische Exaktheit, die Genauigkeit und Anwendbarkeit ihrer heilkundlichen Darstellung und die richtige Übersetzung der bei ihr verwendeten Steinnamen vorstellen. Ich hoffe, damit die Edelstein-Medizin Hildegards aus dem wissenschaftlichen Abseits zu befreien und als praktisch anwendbare Heilkunde vorzustellen. Es ist sicherlich im Sinne Hildegards, wenn ihr Werk zum Wohle aller Wesen Anwendung findet.

Tübingen, im Februar 1997   *Michael Gienger*

HILDEGARD VON BINGENS Werk zeichnet sich durch eine einzigartige und umfassende Kosmologie aus, deren Betrachtung wohl im Wissen des Mittelalters wurzelt, sich in ihrer Weisheit jedoch weit über die damalige Zeit erhebt. Das Mittelalter war eine Zeit enormer Glaubenskraft. Noch lebte die seit Urzeiten ungebrochene Anschauung, daß alles Geschehen größter oder kleinster Natur von höheren Mächten bestimmt wird. Da jedem Menschen Gutes wie Schlechtes widerfuhr, stand die Realität guter wie böser Geister außer Frage. So lebte die geistige Welt des Mittelalters im ständigen Kampf zwischen Gott und Teufel.

Dieser Kampf spiegelte sich auch in den weltlichen Ebenen wider: Die Fürsten als weltliche Herrscher hatten noch immer mit dem Vermächtnis der heidnischen Stammesgesellschaften zu tun und waren sich der Loyalität ihrer Untertanen nie sicher. Wechselhafte Bündnisse, Verrat und Machtkämpfe waren an der Tagesordnung. Auch das hohe Ideal der Ritterlichkeit war eben ein Ideal und als solches mitunter weit entfernt von der Realität.

Die Kirche war nicht besser. Eifrig bestrebt, im Machtkampf gegen die Kaiser die Oberhand zu bewahren, war auch sie von Intrigen und egoistischen Interessen so sehr geprägt, daß sie kein Ort spiritueller Hilfe mehr war. Um von der eigenen Verkommenheit abzulenken, diente zunächst das Heidentum, später die Ketzerei als Sündenbock, doch gerade in der Hexenverfolgung zeigte sie ihr wahres Gesicht.

In diese Zeit hinein schreibt Hildegard von Bingen ihr spirituelles Werk. In ihren visionären Schriften »Scivias« (»Wisse die Wege«), »Liber vitae meritorum« (»Buch vom Leben in Verantwortung«) und »Liber divinorum operum« (»Buch der göttlichen Werke«) schildert sie die kosmische Ordnung einer göttlichen Schöpfung. Sie sieht Gott als den Schöpfer *aller* Dinge und damit auch das Göttliche in jeder Erscheinungsform. Liebe, Weisheit und Demut sind für Hildegard die wahren Gotteskräfte.

Aus ihnen entsteht die ethische Gesinnung des Menschen, jene innere Stimme, die stets zu rechtem Tun geleitet. Wer sich willentlich der Liebe, Weisheit und Demut zuwendet, findet nach Hildegards Überzeugung von selbst zu seiner ihm angestammten Bestimmung zurück. Denn »auch der Mensch hat in seiner Seele die Fähigkeit, alles zu ordnen, wie er will.« (Liber divinorum operum).

Hildegard sieht gerade in der irdischen Existenz des Menschen seine Chance, Erfahrungen zu machen und zu lernen. Auch damit steht sie im Widerspruch zur klerikalen Lehrmeinung, nach der die Erde ein Ort dämonischer Verführung und bestenfalls der Prüfung und des Leidens ist. Die daraus resultierende Weltabgewandtheit und Leibfeindlichkeit lehnt Hildegard ab. Sie sieht den Körper als Tempel des Geistes, den es aus diesem Grund auch gesundzuerhalten gilt, und die Welt als Wirkstätte des Menschen, in der er verantwortlich tätig sein soll.

Aus diesem Grund zog sich auch Hildegard von Bingen nie vom Weltgeschehen zurück, sondern nahm aktiven Anteil und hielt auch mit ihrer Meinung nicht hinter dem Berg. Könige wie Bischöfe bezogen in ihren Briefen mitunter kräftige Schelte und selbst dem Papst gegenüber wagte Hildegard kritische Töne. Sie war in ihrer Zeit eine bemerkenswerte und starke Frau, gezogen von einer inneren Vision und dem Wissen um ihre Aufgabe.

Dies ist auch der wichtigste Kern ihrer Botschaft: Die Existenz eines jeden Menschen ist nach ihrer Überzeugung nicht zufällig, sondern besitzt einen tieferen Sinn. Jeder Mensch ist mit Schöpferkräften begabt und beauftragt, seinen Teil an der Schöpfung zu leisten. Hildegard stellt den Menschen dabei auf eine Stufe mit den Engeln und spricht davon, daß wir selbst der zehnte Chor der Engel sind. »Ich bin berufen, die Genossin der Engel zu sein, weil ich der lebendige Hauch bin, den Gott in den trockenen Lehm entsandte.« So schreibt sie in »Scivias« über die menschliche Seele und weist damit auf die Notwendigkeit hin, sich der geistigen Natur des Menschen zu erinnern.

Damit trifft sie schon vor 850 Jahren den Nerv unseres heutigen Materialismus. Denn erst die materialistische Einstellung ermöglicht es uns heute, ohne schlechtes Gewissen die Erde zu plündern, Weltkriege zu entfachen

Weisheit und Wissenschaft | 11

und unseren Nachkommen mit Giftmüll und Atomschrott das übelste Erbe zu hinterlassen, das man sich vorstellen kann. Der Materialismus nimmt alle Skrupel, denn es gibt vermeintlicherweise keine Abrechnung unserer Taten.

Doch der Materialismus ist eine Illusion. Je weiter unsere moderne Wissenschaft fortschreitet, desto mehr muß sie die Existenz des Geistes wieder anerkennen. Selbst berühmte Physiker wie Max Planck kamen als Ergebnis ihrer Forschungen zu einem interessanten Schluß: Wenn nämlich die Erscheinungsformen der Materie durch energetische Prozesse gesteuert werden, was ja anerkannterweise der Fall ist, und energetische Prozesse sich durch Information beeinflussen lassen, was inzwischen ebenfalls gesichert ist, dann ist natürlich die Frage, welcher Quelle diese Information nun entspringt? Wer denkt also unser Universum, wenn nicht ein Wesen geistiger Natur.

Dieses Bewußtsein ist es, das es nach Hildegard zu wecken und aufrechtzuerhalten gilt, damit der Mensch sich von seinem zerstörerischen Tun abwendet und auf seine höhere Bestimmung besinnt. Dann findet er zurück in den Einklang der Schöpfung und begreift auch Heilung und gegenseitige Hilfe als die Wiederherstellung der göttlichen Ordnung.

So müssen bei Hildegard auch die Heilsteine verstanden werden. Sie sind nicht einfach Medikamente, sondern aufgrund ihrer einzigartigen Entstehung mit besonderen Kräften ausgestattet, vor allem einem harmonischen Verhältnis zwischen Wärme und Feuchtigkeit (symbolisch für die Elemente Feuer und Wasser, für Geist und Seele). Da sie diese Harmonie vermitteln, werden sie Hilfsmittel, um auch im Menschen die göttliche Ordnung wiederherzustellen.

Die Wissenschaft streitet sich heute, woher Hildegard von Bingen ihr medizinisches Wissen bezogen hat. Ihre heilkundlichen Werke »Physica« und »Causae et Curae« unterscheiden sich in vielem von ihren visionären Werken, so daß manche Forscher eher überlieferte Quellen oder volkstümliches Wissen vermuten. Dagegen spricht jedoch die Tatsache, daß es zwar manche Parallelen zu früheren Autoren gibt, andererseits jedoch etliche völlig neue

Beschreibungen bei Hildegard auftauchen. So gibt es schon wieder Streit zwischen der esoterischen (»alles Vision«) und exoterischen (»alles Überlieferung«) Auslegung ihrer Werke.

Beide Seiten unterschätzen die Person Hildegards. Selbst im Leben häufig mit Krankheit konfrontiert, entwickelte Hildegard von Bingen ein starkes Interesse an der Heilkunde. Entgegen anderslautenden Behauptungen hat sie auch selbst Heilkunde praktiziert, da bekannt ist, daß sie von vielen Kranken aufgesucht wurde. Warum sollte sie dann nicht in der Lage sein, Erfahrungen zu sammeln und aufzuschreiben?

Manche Forscher stoßen sich in diesem Zusammenhang an den Beschreibungen der Edelstein-Entstehung bei Hildegard von Bingen. Sie können sich nicht vorstellen, aus welcher Quelle diese sinnbildlichen Darstellungen geschöpft sein sollen. Dabei gibt Hildegard von Bingen doch in ihrem Werk selbst die entscheidenden Hinweise:

> »Der Mensch sieht mit den Augen,
> was er durch die Weisheit versteht,
> und erfaßt es durch Hören, Riechen und Schmecken.
> Was sich aber in seinem Herzen sammelt,
> das weiß er durch das Erkennen.«

Dieses unmittelbare Erkennen ist eine Grundfähigkeit des Menschen, die jedem innewohnt und sich oftmals als Instinkt, Intuition oder plötzliche Eingebung bemerkbar macht. Diese Fähigkeit kann leicht geweckt werden, indem wir unsere Aufmerksamkeit darauf richten und sie in kleinen Experimenten allmählich wieder zugänglich machen.

Ein solches Experiment führe ich regelmäßig in meinen Seminaren zur Steinheilkunde durch. Meist schon am ersten Abend, bevor zu viele angelernte Informationen über Heilsteine im Weg sind, verteile ich unter den Teilnehmern bei geschlossenen Augen Edelsteine in die linke, die empfängliche Hand, und bitte sie, sich auf die Entstehung des Steins zu konzentrieren und alle auftauchenden Phänomene zu beobachten.

Weisheit und Wissenschaft | 13

Im Vergleich der dabei entstehenden Wahrnehmungen, Empfindungen und Gefühle zeigt sich immer sehr deutlich der Charakter des jeweiligen Steins. Aus Magma entstandene Steine wirken in der Regel erwärmend, durch Verwitterung entstandene eher kühlend, metamorphe, unter Druck gebildete Mineralien, lösen tatsächlich auch Druckempfindungen aus. Auch aus dem Inneren aufsteigende Bilder zeigen immer einen direkten Bezug zur Entstehungsweise des getesteten Steins.

Das Ergebnis ist dabei immer ein sinnbildliches, je nach der mineralogischen Vorbildung näher oder weiter weg von der konkreten Entstehung, aber auf symbolische Art immer treffend. Und das trotz der geschlossenen Augen und der vorherigen Unkenntnis über die Natur des Steins. Offensichtlich sind wir Menschen, genau wie Hildegard schreibt, weitaus mehr in der Lage, Verborgenes unmittelbar wahrzunehmen, als wir uns selbst manchmal zutrauen.

Wieviel mehr muß dann eine visionär begabte Frau wie Hildegard von Bingen diese Fähigkeiten besessen haben. Und tatsächlich sind ihre Beschreibungen zwar symbolisch, jedoch stets treffend: Magmatisch gebildete Steine beschreibt sie als der Sonnenglut entstammend, durch Verwitterung gebildete Steine entstammen eher Luft und Wasser und bei metamorphen Mineralien, wie dem Prasem, schreibt sie gar, daß die Sonne (das Magma) das Gestein eines bereits bestehenden Berges mächtig zum Glühen bringt. Eine bessere Beschreibung eines metamorphen Vorgangs gibt es nicht. – Und das 600 Jahre vor der Entstehung der modernen Mineralogie!

Auch Hildegards Beschreibungen der Heilwirkung von Edelsteinen lassen sich inzwischen mit modernen Ergebnissen der Steinheilkunde vergleichen. Vor acht Jahren begann in Stuttgart eine kleine Gruppe Gleichgesinnter, Heilsteine mit der in der Homöopathie bewährten Methode der Arzneimittelprüfung zu testen. Dabei wird ein bestimmter Stein von allen Mitgliedern der Gruppe über einen festgelegten Zeitraum hinweg getragen. Auffallende Erlebnisse sowie seelische und körperliche Reaktionen werden in dieser Zeit protokolliert und beim anschließenden Treffen nach einigen Wochen verglichen.

14 | *Weisheit und Wissenschaft*

Aus diesen Tests entstanden sehr präzise empirisch-wissenschaftliche Ergebnisse über die Heilwirkungen von weit mehr als 100 Mineralien und Edelsteinen. Inzwischen entstand aus der Forschungsgruppe der Steinheilkunde e.V. Stuttgart, durch dessen Koordination heute bundesweit mehr als 20 Forschungsgruppen mit weit über 100 Mitgliedern die begonnene Arbeit fortsetzen. Auf diese Weise liegen inzwischen wissenschaftliche Ergebnisse über die Heilwirkungen von Mineralien und Edelsteinen vor, welche die Beschreibungen Hildegards bestätigen und ergänzen. Diese Ergebnisse sind in meinen Büchern »Die Steinheilkunde« (Neue Erde 1995) und »Lexikon der Heilsteine« (Im Osterholz 1997) ausführlich dargestellt und wurden zum Teil ergänzend in dieses Buch miteinbezogen.

Um mit dieser Ausgabe wirklich ein praktisches Handbuch der Edelstein-Heilkunde Hildegards herausgeben zu können, wurden zwei weitere Recherchen durchgeführt: Durch den Vergleich verschiedener Handschriften und Übersetzungen Hildegards wurde der Text ihres »Buchs von den Steinen«, welches ein Teil der »Physica« ist, so vollständig wie möglich recherchiert. Zum zweiten wurde die Namensentwicklung jedes einzelnen Steins seit der Antike akribisch nachvollzogen, um möglichst zweifelsfrei die richtigen Heilsteine den richtigen Texten zuzuordnen. Der Nachweis dieser Zuordnungen wird bei der Beschreibung der Heilsteine im einzelnen erbracht.

Nachfolgend soll nun Hildegard von Bingen selbst zu Wort kommen, um das Buch von den Steinen in ihrem Sinne zu eröffnen: Heilsteine als Hilfsmittel, dem Menschen in die Hand gelegt, um sie verantwortlich zum Wohle aller Wesen zu verwenden. Und mehr sollen sie auch nicht sein als eine vorübergehende Hilfe, deren wir eines Tages nicht mehr bedürfen:

»O Mensch, schau dir doch den Menschen richtig an:
Hat der Mensch doch Himmel und Erde
und die ganze übrige Kreatur schon in sich selber
und ist doch eine ganze Gestalt,
und in ihm ist alles schon verborgen vorhanden.«
Hildegard von Bingen

Weisheit und Wissenschaft | 15

HILDEGARD VON BINGEN: Jeder Edelstein enthält Feuer und Feuchtigkeit. Der Teufel schreckt vor ihnen zurück, da er sich erinnert, daß ihre Zier an ihm selbst erstrahlte, bevor er aus Gottes Herrlichkeit herabstürzte, und weil einige aus dem Feuer entstehen, in dem er selbst bestraft wird. Denn nach dem Willen Gottes wurde er durch das Feuer besiegt und in das Feuer gestürzt, so wie er auch durch das Feuer des heiligen Geistes besiegt wird, wenn dieser durch seinen Atem die Menschen dem Rachen des Teufels entreißt.

In jenen Gegenden des Ostens, in denen das Feuer der Sonne besonders stark ist, entstehen Edelsteine und Juwelen. Denn die Berge jener Länder sind durch die Sonnenglut heiß wie Feuer und auch die Flüsse jener Länder kochen beständig in der übermäßigen Glut der Sonne. Wenn daher die Flüsse mitunter über die Ufer treten, das Land überschwemmen und an den glühenden Bergen ansteigen, dann bilden die sonnendurchglühten Berge, vom Wasser berührt, eine Art Schaum und sprühen, wie glühendes Eisen oder glühender Stein, wenn man ihn mit Wasser übergießt. Dieser Schaum bleibt an jener Stelle kleben und kristallisiert in drei bis vier Tagen zu einem Edelstein.

Wenn nun die Überschwemmung des Flusses zu Ende ist, so daß sich sein Wasser in sein Bett zurückzieht, dann trocknet der Schaum an verschiedenen Stellen des Berges in der Hitze der Sonne entsprechend der Temperatur und Tageszeit aus. Daher bekommen sie auch nach der Wärme der Tageszeit ihre Kräfte und Farben. Durch die Austrocknung zu Edelsteinen gehärtet, fallen sie wie Schuppen von ihrem Entstehungsort in den Sand. Bei erneuten Überschwemmungen tragen die Flüsse viele Steine hinweg in andere Gegenden, wo sie schließlich von den Menschen gefunden werden. Aufgrund der vielen großen Edelsteine, die dort auf diese Weise entstehen, leuchten diese Berge wie der helle Tag.

So entstehen Edelsteine aus Feuer und Wasser, und von daher tragen sie Hitze und Feuchtigkeit in sich sowie viele Kräfte und Wirkungen. Vieles kann mit ihrer Hilfe bewerkstelligt werden, jedoch nur, was für den Menschen gut, anständig und nützlich ist, nicht jedoch Laster wie Verführung, Unzucht, Ehebruch, Feindschaft, Mord und dergleichen, was der Natur des Menschen widerspricht. Denn die Natur dieser Edelsteine wird von Anstand und Nützlichkeit angezogen und von menschlicher Gemeinheit und Bosheit abgestoßen, so wie die Tugenden die Laster zurückweisen und die Laster nicht mit den Tugenden zusammenpassen.

Es gibt aber auch noch andere Steine, die sich nicht auf diesen Bergen in der genannten Weise bilden, sondern aus anderen unnützen Dingen entstehen, und durch welche nach ihrer jeweiligen Natur Gutes und Böses bewirkt werden kann, wenn Gott es zuläßt. Denn Gott hatte seinen ersten Engel eigentlich mit Edelsteinen geschmückt und Luzifer sah sie im Spiegel Gottes erstrahlen und empfing sein Wissen von ihnen und er erkannte, daß Gott viel Wunderbares noch wirken wollte. Da wurde er hochmütig, weil das Licht der Steine, die ihn schmückten, in Gott erstrahlte, und er glaubte, er könne so viel wie Gott und gar noch mehr. Aus diesem Grund wurde sein Glanz gelöscht. Aber so wie Gott Adam nicht nur wiederherstellte, sondern darüber hinaus noch erhöhte, so ließ er weder das Strahlen noch die Kräfte der Edelsteine vergehen, denn er wollte, daß sie auf Erden geschätzt und gepriesen würden und als Heilmittel dienen.

Das Buch von den Steinen | 17

HILDEGARD VON BINGEN: Der Smaragd wächst am frühen Morgen bei Sonnenaufgang, wenn die Sonne beherrschend auf ihrer Bahn aufsteigt und sehr kräftig wird, und wenn das Grün der Erde und der Gräser am intensivsten ist. Zu dieser Zeit ist die Luft noch kühl, die Sonne jedoch warm, und die Pflanzen nehmen das Grün so kräftig auf wie ein Lamm, das Milch saugt, so daß die Wärme des Tages kaum ausreicht, die Grünkraft dieses Tages ausreichend zu reifen und zu nähren, damit sie fähig wird, Frucht zu bringen. Aus diesem Grund ist der Smaragd ein gutes Mittel gegen alle Gebrechen und Krankheiten des Menschen, weil die Sonne ihn gebiert und weil seine gesamte Substanz aus der Grüne der Luft stammt.

Wer also am Herzen, im Magen oder in der Seite Schmerzen hat, trage einen Smaragd bei sich, um das Fleisch seines Körpers durch ihn zu wärmen, und es wird ihm besser gehen. Wenn aber diese Krankheiten so plötzlich und vehement erscheinen, daß er von ihrem Ansturm überwältigt wird, so soll er den Smaragd schnell in den Mund nehmen, damit er von seinem Speichel feucht wird, und so, wie er den von jenem Stein erwärmten Speichel abwechselnd schlucken und ausspucken soll, soll er auch seinen Leib (Bauch) immer wieder einziehen und herausschnellen lassen. Dann werden die plötzlichen Anfälle der Krankheit ohne Zweifel aufhören.

Wenn jemand von der Fallsucht überwältigt wird und zu Boden fällt, so soll man ihm, wenn er am Boden liegt, einen Smaragd in den Mund schieben, und sein Geist wird wieder aufleben. Wenn er dann wieder aufgestanden ist und den Stein aus dem Mund genommen hat, soll er ihn aufmerksam betrachten und sprechen: »Wie der Geist des Herrn den Erdkreis erfüllt hat, so erfülle er das Haus meines Körpers mit seiner Gnade, auf daß es niemals mehr erschüttert werden kann.« So soll er die folgenden neun Tage am Morgen verfahren, und er wird geheilt werden. Er soll den Stein in dieser Zeit immer bei sich tragen, ihn täglich morgens betrachten und dabei die genannten Worte sprechen, auf diese Weise wird er geheilt werden.

Auch wer an starken Kopfschmerzen leidet, soll den Stein an seinen Mund halten und mit seinem Atem erwärmen, so daß er durch das Anhauchen feucht wird. Mit dem feuchten Stein bestreiche er dann seine Schläfen und Stirn und nehme ihn anschließend eine knappe Stunde in den Mund, dann wird es ihm besser gehen.

Wer sehr viel Säfte und zu viel Speichel in sich hat, soll starken Wein erwärmen, ein Leinentuch über ein Gefäß legen mit einem Smaragd darauf und dann den erwärmten Wein über den Stein gießen, so daß der Wein durch das Tuch läuft. Das wiederhole er immer wieder, so wie jemand, der eine Lösung herstellt. Anschließend bereite er aus jenem Wein und aus Bohnenmehl einen Brei, den soll er fleißig essen und den solchermaßen aufbereiteten Wein häufig trinken: Dies reinigt das Gehirn des Betreffenden und vermindert Säfte und Speichel in ihm.

Wenn jemand Würmer hat, die an ihm zehren, so lege er ein Leinentuch über das Geschwür und binde darauf mit weiteren Tüchern den Smaragd, so wie jemand, der eine entzündliche Geschwulst zum Aufbrechen bringen will. Das soll er tun, damit der Stein auf diese Weise erwärmt wird. Wenn er drei Tage so verfährt, werden die Würmer sterben.

Mineralogie

Die Identifikation des Smaragds bei Hildegard von Bingen als das heute mit diesem Namen belegte Mineral ist eindeutig. Zwar wurde der griechische Name »smaragdos«, der schon bei Herodot (450 v. Chr.) zweimal erwähnt wird, in der Antike für viele grüne Mineralien verwendet, doch zur Zeit Hildegards war die Entwicklung bereits so weit fortgeschritten, daß eindeutig das heutige Beryll-Mineral diesen Namen trug. Smaragd zählt zur Familie der Berylle.

Die Berylle sind Silikate, Abkömmlinge der Kieselsäure, die in ihrem inneren Aufbau lange Röhren aus Silikatringen bilden, was zu einer guten energetischen Leitfähigkeit führt. Diese Leitfähigkeit mag von Hildegard erspürt worden sein, wenn sie vom »Aufsaugen des Grüns« spricht, von der »Wärme der Sonne«, dem Energiefluß, und der »Kühle der Luft«, der Empfindung, wenn durch den Smaragd Hitze und Energieüberschuß abgeleitet werden.

Smaragd entsteht in den meisten Fällen durch eine Metamorphose, eine innere Gesteinsumwandlung. Nur wenn zwei Gesteinsschichten unter gigantischem Druck und großer Hitze aufeinandergepreßt werden, von welchen eine den Mineralstoff Chrom, die andere die Mineralstoffe Beryllium und Aluminium enthält, bildet sich in der Kontaktzone der Smaragd (Formel: $Be_3Al_2(Si_6O_{18})$ + Cr_2O_3). Er tritt auf in Form grüner, im Glimmerschiefer eingewachsener hexagonaler Kristalle, die manchmal transparent werden und durch den Gehalt an Chrom das berühmte, intensive Grün zeigen. Chrom ist die »Grüne«, von der Hildegard spricht.

In der symbolischen Sprache Hildegards von Bingen finden auch diese Entstehungsbedingungen ihren Widerhall. Die Grenzzone zwischen zwei Gesteinen, zwei »Welten« beschreibt sie als den frühen Morgen, die Grenze zwischen Nacht und Tag. Tatsächlich finden sich die zur Entstehung des Smaragds maßgeblichen Mineralstoffe normalerweise in zwei völlig verschiedenen Welten: Beryllium und Aluminium finden sich bevorzugt in den hellen, kieselsäurereichen Gesteinen der Kontinente (»Tag«), Chrom dagegen im dunklen, magnesiumreichen Gesteinsboden der Ozeane (»Nacht«). Beide Gesteine müssen nun durch gigantische Verschiebungen und Faltungen bei der Gebirgsbildung zueinanderfinden und durch den Druck immens erhitzt werden (»wenn die Sonne sehr kräftig wird«), damit der Smaragd in der Kontaktzone entstehen kann.

Steinheilkunde

Es ist schon erstaunlich, wie präzise Hildegard von Bingen die wichtigsten Elemente der Mineralbildung in die Beschreibung der Heilwirkungen integriert. Gerade die bei ihr geschilderten Bezüge sind aus der heutigen Sicht der Steinheilkunde grundlegend für die Heilwirkung des Smaragds: Die metamorphe Entstehung, die hexagonale Kristallstruktur, die Mineralstoffe Beryllium und Chrom, die Kanäle aus Silikatringen und natürlich die Farbe Grün.

Die metamorphe Entstehung spiegelt sich in all jenen Lebenslagen wider, die eine grundlegende Veränderung unseres Lebens fordern. Leid, Krankheit und persönliche Krisen sind dabei oft die entscheidenden Auslöser, damit wir beginnen, über unser Leben nachzudenken. Diese Momente sind die Chan-

Der Smaragd | 21

cen zur Kurskorrektur und Erneuerung, und genau das wird durch den Smaragd unterstützt. Indem er hilft, in allen Krisen eine neue Orientierung zu finden, hilft er auch aus physischen Erkrankungen heraus. Jeder seelisch-emotionale Aufwärtstrend führt auch zu einer Stärkung der Regenerationskraft und des Immunsystems. Hildegard von Bingen faßt dies in die schlichten Worte: »Smaragd ist ein gutes Mittel gegen *alle* Gebrechen und Krankheiten des Menschen.«

Die hexagonale (sechseckige) Kristallstruktur des Smaragds spricht die Zielstrebigkeit in unserem Leben an. Wir alle haben Ziele und Ideale, doch der Nachdruck, mit denen wir sie verfolgen, ist sehr verschieden. Im Bild der schnell aufsteigenden Sonne des Morgens, das Hildegard verwendet, zeigt sich der Charakter der hexagonalen Kristallstruktur: Schnelles, effektives Handeln, starkes Aufwärtsstreben, konsequenter und unaufhaltsamer Fortschritt. Wer vermag schon den Lauf der Sonne zu hemmen? Es ist das Ideal der Herrschaft über das eigene Leben, König zu sein im eigenen Reich, das Ideal der Selbstbestimmung. Dieses Ideal spiegelt sich auch in der Heilung der Epilepsie (Fallsucht) wider.

Hildegard betrachtet die Epilepsie als eine Art Besessenheit, in der ein fremder Geist die Herrschaft über unseren Körper an sich reißt. Diese Betrachtung wurzelt in der Antike, in der Epileptiker als »Lieblinge der Götter« galten. Sie hat jedoch einen wahren Kern, da es tatsächlich so ist, daß wir als geistige Wesen im Moment des Anfalls die Kontrolle über unseren Körper restlos verlieren. Diese Kontrolle zu bewahren und selbstbestimmt zu bleiben, genau darin hilft der Smaragd. Auch der von Hildegard genannte Spruch wird als tägliche Losung, als eine Art Mantra die Wirkung des Steins unterstützen. Hildegard nennt als zweiten Heilstein für Epilepsie noch den Chrysopras (siehe dort) und grenzt beide voneinander ab, indem Smaragd vorwiegend bei epileptischen Anfällen während des Tages, Chrysopras bei Anfällen während der Nacht verwendet wird.

Beryllium und Chrom unterstreichen die Wirkung der Kristallstruktur noch. Beryllium fördert Selbstbeherrschung, Disziplin und Strenge, was sich in der kleinen Formulierung Hildegards »wenn die Sonne *beherrschend* auf ihrer Bahn aufsteigt« widerspiegelt. Chrom repräsentiert Selbstbestimmung und Individualität und hilft gegen Kopfschmerzen, Schwäche und Entzündungen. Hildegard von Bingen beschreibt außerdem eindringlich die Wirkung des Smaragds gegen zuviel Säfte und Speichel, mit denen übermäßige Schleimbildung und Nasensekretion gemeint sein dürfte. Erfahrungen der modernen Steinheilkunde weisen den Smaragd tatsächlich als hervorragenden Heilstein bei Schnupfen, Stirn- und Nebenhöhlenentzündungen aus. Hildegards Anwendungen haben sich dabei bestens bewährt.

Auch andere Schmerzen, Hitze und Schwellungen werden durch die energetisch ableitende Funktion der Silikatringe gelindert. Smaragd gleicht dadurch Spannungen aus und führt zu einem ganzheitlich harmonischen Erleben, das körperliche Entspannung, seelische Erleichterung und geistige Klärung (bei Hildegard: »Reinigung des Gehirns«) umfaßt. Eitrige Geschwüre, Abszesse und Beschwerden innerer Organe (»Herz, Magen und Seite«) werden geheilt. Die Bezeichnung »Seite«, die Hildegard verwendet, hat jedoch viele Übersetzer dazu verleitet, das sog. »Seitenstechen« (linksseitige Schmerzen der Milz) in dieser Symptomatik zu vermuten. Die moderne Steinheilkunde kennt den Smaragd jedoch als Heilstein für Leber und Galle, also gegen Übelkeit, Koliken und rechtsseitige Schmerzen. Nach den Erkenntnissen der chinesischen Medizin besteht darüber hinaus auch eine energetische Verbindung zwischen Leber und Augen, was den Smaragd auch zum wichtigen Heilstein bei Augenleiden macht. Hildegard von Bingen erwähnt diese Wirkung jedoch nicht, während ihre Vorgänger und Zeitgenossen (Plinius, Konrad von Megenberg) ausführlich darauf eingehen.

Leberstärkende Wirkungen sind aus der Farbtherapie ebenfalls für die Farbe Grün bekannt. Auch Grün wirkt harmonisierend, neutralisierend und fördert die Regenerationskraft sowie körperliche und geistige Entgiftung. Es verbessert also, wie Hildegard es nennt, die Säfte, entsäuert und lindert auf diese Weise auch rheumatische Beschwerden.

Anwendung:

Zusätzlich zu den bei Hildegard von Bingen sehr detailliert beschriebenen Anwendungsweisen, empfehlen sich aus moderner Erkenntnis noch die folgenden: Das Auflegen auf die Stirn bei Kopfschmerzen und Nebenhöhlenentzündungen, sowie direkt auf die betroffene Stelle bei allen anderen Schmerzen; das Mitführen als Handschmeichler in der Hosentasche oder das Tragen als Anhänger oder Kette bei allen Erschöpfungs- und Schwächezuständen; und zu guter Letzt auch die Einnahme der Edelstein-Essenz bei allen inneren Erkrankungen. Smaragd wirkt sehr schnell und kann gleichzeitig jedoch auch über längere Zeiträume getragen werden.

Der Smaragd

HILDEGARD VON BINGEN: Der Hyazinth entsteht in der ersten Stunde des Tages aus dem Feuer, wenn die Wärme der Luft noch mäßig ist, und er ist eher luftig als feurig. Daher spürt er auch die Luft und verändert mitunter seine eigene Wärme entsprechend der Luft. Trotzdem ist er auch feuriger Natur, weil er aus dem Feuer geboren wird.

Ein Mensch, der an Sehschwäche leidet oder dessen Augen getrübt oder entzündet sind, halte den Hyazinth gegen die Sonne, wodurch dieser sich sofort daran erinnert, daß er aus dem Feuer geboren wurde, und sich schnell erwärmt. Daraufhin soll er ihn ein wenig mit Speichel befeuchten und dann schnell auf die Augen legen, so daß sie durch ihn erwärmt werden. Dies wiederhole er oft, so werden die Augen wieder klar und gesund.

Wenn ein Mensch brennendes Fieber im Leib hat, welches einen, drei oder vier Tage währt, so stelle man reinen Wein in einem irdenen Gefäß zum Warmwerden an die Sonne. In diesen Wein lege man einen Hyazinth, damit auch er gleichzeitig erwärmt wird, und tauche kurz einen heißen Stahl hinein. Diesen Wein trinke der Mensch nun nüchtern am Morgen und vor dem Schlafengehen. Wenn er so verfährt, drei oder mehr Tage lang, so wird er geheilt werden. Wenn man am zweiten oder dritten Tag jedoch keine Sonne hat, so erwärme man den Wein an einem Feuer aus Buchen- oder Lindenholz mit dem Hyazinth darin und verfahre mit dem heißen Stahl wie angegeben. Wenn er dies trinkt, wird es ihm besser gehen, da die Wärme und Kraft des Hyazinths mit der Wärme der Sonne, des Weins und des heißen Stahls die schädlichen Säfte hinwegnimmt.

Wenn jemand durch Blendwerk oder magische Worte bezaubert ist, so daß er wahnsinnig wird, so nehme man ein warmes Brot und schneide es an der oberen Kruste in Kreuzesform ein, ohne es jedoch zu brechen. Dann zieht man den Stein durch jenen Schnitt von oben nach unten und spricht: »Gott, der dem Teufel alle Kostbarkeit der Steine entriß, nachdem er sein Gebot übertreten hatte, möge von dir, (Name), alle schädlichen Geister und jeglichen Zauberbann vertreiben und dich von dem Schmerz dieses Wahnsinns befreien.« Anschließend zieht man denselben Stein ein zweites Mal durch den quer verlaufenden Schnitt des warmen Brots und spricht: »Wie die Pracht, die der Teufel an sich hatte, ihm genommen wurde zur Strafe für sein Vergehen, so soll auch dieser Wahnsinn, der dich, (Name), aufgrund verschiedener Blendwerke und Zauberworte quält, von dir genommen werden und von dir ablassen.« Dann nimmt man von dem Brot beiderseits des Schnitts, durch den der Hyazinth gezogen wurde, und gibt es dem Kranken zu essen.

Wenn jener aber das Weizenbrot wegen seiner körperlichen Schwäche nicht essen kann, so segne man warmen Zwieback mit dem Hyazinth und den oben genannten Worten und gibt es ihm zu essen. Außerdem ziehe man ihn in Kreuzesform durch alle warmen Speisen, die jener essen wird, durch Fleisch, Gemüse und durch alle anderen Speisen, und segne sie mit dem Zeichen des Kreuzes und den oben genannten Worten. Wenn dies häufig geschieht, wird er geheilt werden.

Auch wer Herzschmerzen hat, schlage mit dem Hyazinth das Zeichen des Kreuzes über seinem Herzen und spreche die genannten Worte, so wird es ihm besser gehen. Und wenn ein Mensch von schwerem Lachen erschüttert wird, so daß er in einem fort lachen muß und sich nicht mehr halten kann, so schiebe er einen Hyazinth in den Mund, und der Drang zu lachen vergeht. Denn es ist der Teufel, der zum unmäßigen Lachen verführt, und darum wird es von der Kraft des Hyazinths bezwungen, da der Teufel alles flieht, was gut ist.

Wer mit seinem Denken, Wollen und dem Körper von der Fleischeslust erhitzt wird, führe einen Hyazinth mit sich, so daß die Lust in ihm erlischt, weil der Stein durch seine Kraft und Wärme das (unmäßige) Brennen im Menschen löscht. Wenn ein Mensch also in Fleischeslust entbrennt, soll er den Hyazinth eindringlich betrachten, und mit dem Blick des Menschen strömt die Kraft des Steins in sein Gehirn und löscht die Lust in ihm. Wenn sich jedoch zu starke Wollust im Menschen erhebt, so erwärme er einen Hyazinth an der Sonne oder am Feuer der genannten Hölzer und schlage damit das Kreuzeszeichen über seinem Leib, seinen Nieren und Lenden und die Fleischeslust wird von ihm gehen, es mag eine Frau sein oder ein Mann.

26 | *Der Hyazinth (Zirkon)*

Mineralogie

Die Identifikation des Hyazinths mit dem heutigen Zirkon ist leider erst seit 1789 mit der Entdeckung des Elements Zirkonium in einem ceylonesischen Hyazinth gesichert. Zuvor, in der Antike und im Mittelalter, bezeichnete der Name Hyazinth verschiedene Steine, vor allem Korunde (Rubin, Saphir) und ähnliche Mineralien. In letztere Rubrik läßt sich der heutige Zirkon zwar einreihen, doch gibt die Entwicklung des Namens allein nicht genügend Sicherheit.

Nur Hildegards Beschreibungen selbst können also klären, welchen Stein sie meint. So entsteht Hyazinth nach ihrer Aussage aus dem Feuer – eine geradlinige und klare Beschreibung magmatischer Bildung. In seinen Eigenschaften sei er jedoch eher luftig, also veränderlich bzw. auf Geist und die Gedanken bezogen. Veränderlich ist offenbar jedoch auch sein äußeres Erscheinungsbild.

Vor allem letzteres schließt die Korund-Familie eindeutig aus. Korunde können zwar magmatisch entstehen, repräsentieren jedoch Stabilität, nicht Veränderlichkeit. Auch in ihren geistigen Qualitäten findet sich eher ausgeprägter Wille und Durchsetzungsvermögen als äußere Anpassung. Zirkon als häufiges magmatisches Mineral dagegen zeigt Veränderlichkeit. Aufgrund seiner typischen Risse im Kristall wirkt er eher instabil, seine Farbe verändert sich mitunter durch Lichteinfluß und zu seinen geistigen Qualitäten zählt die Bewußtheit der Vergänglichkeit.

Auch die von Hildegard beschriebenen Heilwirkungen decken sich mit den Erkenntnissen der modernen Steinheilkunde, so daß mit an Sicherheit grenzender Wahrscheinlichkeit der heutige Zirkon bei Hildegard als Hyazinth beschrieben ist.

Zirkon entsteht bei der Bildung von Primärgesteinen unmittelbar aus dem glutflüssigen Magma. Dieser Prozeß vollzieht sich zwar zumeist in der Tiefe, doch finden sich Zirkone als tetragonale Kristalle auch in vulkanischen Auswürfen. Im mittelalterlichen Deutschland waren solche Zirkone aus der Eifel bekannt und als Hyazinthe im Handel. Was liegt also näher, als daß Hildegard von Bingen auf dem Disibodenberg oder Rupertsberg mit eben jenen Hyazinthen der nahegelegenen Fundstelle in Berührung kam.

Zirkon ist ein Zirkonium-Silikat (Formel $ZrSiO_4$). Er enthält eine Menge Fremdstoffe, u.a. bis zu 10% radioaktive Schwermetalle wie Hafnium, Thorium und Uran. Je nach Fundstelle besitzen

Der Hyazinth (Zirkon) | 27

manche Zirkone daher eine schwache Radioaktivität. Zirkone können farblos sein oder verschiedenste Färbungen aufweisen, mit dem Begriff Hyazinth verbinden sich jedoch zumeist rötliche, rotbraune bis braune Farbtöne.

Steinheilkunde

Aufgrund seiner magmatischen Entstehung wird Zirkon bevorzugt dann wirksam, wenn wir eine neue Idee verwirklichen wollen. Zirkon kann mildes Interesse an einer Sache in das Feuer der Begeisterung verwandeln. Jedoch steht nicht die Tat, die Ausführung einer Idee im Vordergrund, sondern die geistige Auseinandersetzung in Planung, Prüfung und Reflektion.

Darauf weist auch die tetragonale Kristallstruktur hin, die sich oft so darstellt, daß auf eine impulsive, spontane Tat hin erst in zweiter Linie das Nachdenken und Überlegen erfolgt. Leicht gerät man dann in einen Begründungszwang, um der vollzogenen Handlung einen Sinn oder eine Notwendigkeit zu verleihen. Zirkon hilft hier, Tat und Denken in ein harmonisches Verhältnis zu bringen, um frühzeitig Wichtiges und Unwichtiges zu erkennen, sowie Wesentliches und Unwesentliches zu trennen.

Diese Fähigkeit wird gefördert durch den Gehalt an radioaktiven Elementen. Radioaktivität erinnert uns an die Vergänglichkeit aller Dinge, selbst wenn wir nur die Information »radioaktiv« mittels des Zirkons erhalten. Das verwundert nicht, entsteht sie doch durch den Zerfall der Materie selbst. Betrachten wir unser Leben nun unter diesem Aspekt der Vergänglichkeit, so gewinnen manche Aspekte plötzlich an Bedeutung, während andere völlig nebensächlich werden. Nach Hildegard gehört hierzu auch die Erkenntnis des Lebenssinns, also das Verstehen, welchen Platz und welche Aufgabe wir persönlich im Weltgeschehen einnehmen. Vom Zirkon ist heute bekannt, daß er hilft, das eigene Leben von einer höheren Warte aus zu betrachten, um zu erleben, daß es eine geistige Realität gibt und wir nicht unberechenbaren Faktoren wie Zufall und Schicksal ausgeliefert sind.

So ist die von Hildegard beim Zirkon beschriebene »klare Sicht der Augen« sicherlich auch in diesem Sinne gemeint. Wer den Sinn seines Lebens erkennt, dessen Sicht erhellt sich bedeutend, und – wie oben, so unten – eine geistig klare Schau verbessert auch das physische Augenlicht.

Die bei Hildegard ausführlich besprochene Behandlung des Wahnsinns, der Schizophrenie (Bewußtseinsspaltung, griech. »schizein« = »spalten«, »phren« = »Geist, Gemüt«), paßt ebenfalls zum Zirkon: Der tetragonalen Kristallstruktur entspricht ein Leben, dessen Zwiespältigkeit durch traumatische Erlebnisse, Konflikte, Belastung oder Drogen zunehmen kann. So entwickeln sich eventuell Zurückhaltung, das Gefühl des Versteckenmüssens, bewußtes Doppelleben oder gar die außer Kontrolle geratene Bewußtseinsspaltung.

Zirkon regt hier die Entwicklung zurück zur Ganzheit an. Dies wird unterstützt durch den Silikat-Anteil in ihm, der die Eigenständigkeit und die geistige Herrschaft über das eigene Leben fördert. So ist sicherlich auch die Beherrschung des Lachzwanges zu verstehen. Zirkon darf nicht als Stein zur Unterdrückung der Fröhlichkeit verstanden werden, doch tritt das zwanghafte, irre Lachen ebenfalls als Erscheinungsbild mancher Geisteskrankheiten oder als Folge von Drogenkonsum auf.

Beherrschung und gleichzeitige Freiheit von jeglicher Zwanghaftigkeit gehören auch wesentlich zu einer glücklichen Sexualität, so daß diese in einer sozial verträglichen Art und Weise gelebt werden kann. Andernfalls kann die Sexualität zu einer Belastung werden oder zur Gewalttätigkeit entarten. Zirkon hilft auch hier, jede Form des Zwanges und der Abhängigkeit aufzulösen, um die eigene Sexualität frei und glückbringend leben zu können.

Auch Menstruationsbeschwerden, vor allem krampfartige Schmerzen verspäteter Monatsblutungen, werden durch das im Zirkon enthaltene Zirkonium gelindert, das allgemein schmerzlindernd und krampflösend wirkt.

Gegen Herzbeschwerden und Fieber wird Zirkon heute nur selten verwendet. Hier kommen in der modernen Steinheilkunde eher Bergkristall, Chalcedon, Prasem und Saphir (Fiebersenkung), sowie Heliotrop, Magnesit, Rosenquarz und Smaragd (Herzbeschwerden) zur Anwendung.

Anwendung:

Da Zirkon heute vorwiegend in Form kleiner Rohkristalle im Handel ist, wird er in der Regel auf schmerzende Stellen oder die zu behandelnden Körperstellen direkt aufgelegt. Er ist in seiner Wirkung sehr intensiv, so daß außer im Fall akuter Schmerzen die Anwendung auf eine halbe Stunde bis Stunde täglich begrenzt werden kann.

Der Hyazinth (Zirkon)

HILDEGARD VON BINGEN: Der *Onyx* ist warm und wächst um die dritte Stunde des Tages bei dichter Bewölkung, wenn die Sonne kräftig brennt, aber trotzdem verschiedene Wolken sie verdecken, durch welche die Sonne wegen der Wassermassen nicht hindurchscheinen kann. Er hat nur wenig Feuersglut in sich, sondern vielmehr die Wärme der Luft, und er hat seinen Ursprung in der Sonne und gewinnt seine feste Gestalt durch die verschiedenen Wolken. Daher besitzt er große Kraft gegen Krankheiten, die aus der Luft entstehen.

Wem die Augen schwach werden oder auf andere Art, nämlich durch Augentrübung versagen, der gieße in ein ehernes, kupfernes oder stählernes Gefäß reinen und starken Wein, lege einen *Onyx* in diesen Wein und beize ihn darin fünfzehn oder dreißig Tage. Dann nehme er den Stein heraus, lasse aber den Wein in dem Gefäß und bestreiche jede Nacht seine Augen ein wenig mit dem Wein, so werden sie hell und gesund.

Wer ferner am Herzen oder in der Seite Schmerzen hat, soll einen *Onyx* in den Händen oder am Körper erwärmen und gleichzeitig Wein in einem Gefäß über dem Feuer erhitzen, sodann das Gefäß vom Feuer nehmen und den *Onyx* über den dampfenden Wein halten, so daß dessen austretende Feuchtigkeit sich mit dem Wein vermischt. Anschließend lege er den Stein in den heißen Wein und trinke diesen sogleich, so wie er ist, dann werden die Schmerzen im Herz und der Seite aufhören.

Auch wer Magenbeschwerden hat, bereite mit dem *Onyx* Wein auf die genannte Weise zu und koche dann aus diesem Wein, Hühnereiern und Mehl eine Suppe. Die bereite und esse er wieder und wieder, und es wird seinen Magen reinigen und heilen. Wer ferner ein Milzleiden hat, koche Fleisch von der Ziege oder vom Lamm, das im Wein gebeizt wurde, welcher mit *Onyx* in der genannten Weise zubereitet war, so wie man manche Speisen in Essig beizt, und verzehre es. Das mache er wiederholt, und die Milz wird geheilt und wird nicht weiter anschwellen.

Wer starkes Fieber hat, lege den *Onyx* fünf Tage in Essig, nehme ihn dann

Der Onyx (Achat)

wieder heraus und setze den Essig dann allen Speisen zu und würze sie mit ihm und esse sie so. Dann wird das Fieber sinken und schnell verschwinden, weil die gute Wärme des *Onyx,* mit der Wärme des Essigs gemischt, die schädlichen Säfte vertreibt, aus denen Fieber entsteht. Wenn du aber von Trübsinn befallen bist, so betrachte den *Onyx* aufmerksam und nimm ihn anschließend sofort in den Mund, dann wird die Niedergeschlagenheit weichen.

Auch wenn die Rinderpest die Rinder befällt und tötet, erhitze in einem Gefäß Wasser über dem Feuer, nimm es herunter und halte den *Onyx* über das dampfende Wasser, so daß die aus dem Stein austretende Feuchtigkeit sich mit dem Wasser vermischt. Danach lege ihn für drei Tage in jenes Wasser; nimm ihn sodann heraus und gib den Rindern dieses Wasser zu trinken. Besprenge damit auch ihr Futter und vermische Kleie damit und wirf sie ihnen zum Fressen vor. Verfahre immer wieder auf diese Weise, und es wird ihnen bessergehen.

Mineralogie

Mit dem *Onyx* Hildegards ist nicht jenes Mineral gemeint, das heute als Onyx bezeichnet wird. Der moderne Onyx ist ein durch Kohlenstoff und Eisen schwarzgefärbter Chalcedon, der jedoch nur selten Bänderungen aufweist. In der Antike wurde der Name *Onyx* dagegen für jene bunt gebänderten Quarze verwendet, die wir heute als Achat bezeichnen.

Auch im Mittelalter werden gebänderte Quarze noch mit dem Namen *Onyx* belegt, während der Name *Achat* für jene bildhaft gezeichneten Quarze steht, die wir heute Jaspis nennen. Diese Unterscheidung blieb bis zum ausgehenden 18. Jhd. erhalten, daher können wir davon ausgehen, daß auch Hildegard mit *Onyx* den Achat meint. Zudem decken sich die von Hildegard dem *Onyx* zugeschriebenen Heilwirkungen in auffälliger Weise mit den heutigen Erkenntnissen zum Achat.

In der Folge wird daher *Kursivschrift* verwendet, wenn die mittelalterliche Bedeutung des Namens gemeint ist; die normale Schrift steht immer für die heutige Bedeutung.

Achat ist ein Quarz, der sich aus verschiedenen, deutlich abgesetzten Schich-

32 | *Der Onyx (Achat)*

ten kleiner trigonaler Kristalle aufbaut, die nur selten mit dem bloßen Auge zu erkennen sind. Er entsteht aus kieselsäurehaltigen Lösungen, die zwar dem Magma entstammen, auf ihrem Weg durch das Gestein jedoch bereits stark abgekühlt sind (100°–200°C). Diese Art der Bildung wird in der Mineralogie »hydrothermal« genannt (griech. »hydro« = »Wasser« und »therme« = »warme Quelle«). Und genau das beschreibt Hildegard von Bingen sehr schön, indem sie sagt, daß die Sonne (das Magma) zwar kräftig brennt, jedoch verdeckt ist von verschiedenen Wolken (Gesteinsschichten), weshalb der *Onyx* (Achat) zwar warm ist, nicht jedoch feurig. So entstammt er zwar der Sonne (dem Magma), verdankt seine Gestalt (Zeichnung, Farbe) jedoch den Wolken (umliegenden Gesteinen), von denen er färbende Mineralstoffe aufnimmt. Wenn die Kieselsäure in Gesteinshohlräumen beginnt zu kristallisieren und sich Schicht um Schicht abzuscheiden, bestimmt die

Einlagerung eben jener Mineralstoffe, welche Schichten aus Chalcedon (Chalcedon, Karneol, Onyx, Sarder), Kristallquarz (Bergkristall, Amethyst), Jaspis und sogar Opal nun gebildet werden.

Dominierend dabei sind die Mineralstoffe Eisen und Mangan. Vor allem Eisen verursacht die klassischen Färbungen Rot, Braun, Orange bis Gelb, Mangan färbt dunkelgrau bis schwarz oder zeigt sich in Form moosähnlicher Einschlüsse, den sog. Dendriten (griech. »dendron« = »Baum«). Weitgehend fremdstofffreier Achat bleibt weiß, grau oder hellblau. Achat zeigt seine Gestalt also nicht in der äußeren Form, die quasi ein Abguß des ursprünglichen Hohlraums ist, sondern in der inneren Zeichnung, die sichtbar wird, wenn man ihn aufschneidet. Gegen das Licht gehaltene Achat-Scheiben erinnern dabei in ihrer Beschaffenheit oftmals an Wolken. Auch das erinnert wiederum an das Entstehungsbild Hildegards von Bingen.

Steinheilkunde

Die Entstehung des Achats aus warmer Kieselsäure zeigt seine Verbindung zu Stoffwechsel und Körperflüssigkeiten. So, wie die Kieselsäurelösung das Gestein durchströmt, so durchströmt auch

die Gewebsflüssigkeit unseres Organismus. Und so, wie die Kieselsäure Mineralstoffe aus dem Gestein aufnimmt, so führt auch die Gewebsflüssigkeit Nähr- und Giftstoffe mit sich. Erstere, um die

Der Onyx (Achat) | 33

Zellen mit Nahrung zu versorgen, letztere, um sie über Lymphe und Blutkreislauf zu Leber, Niere und Darm zu transportieren, damit sie ausgeschieden werden können. Bei Hildegard fällt auf, daß ihre Anwendungen hier immer darauf beruhen, die Wirkkräfte des Achats mit Hilfe von Wein oder Wasser dem Körper zuzuführen. Offensichtlich ist ihr an einer Aufnahme und Wirkung in den Körperflüssigkeiten sehr gelegen.

Tatsächlich kennt die moderne Steinheilkunde den Achat auch als Heilstein für Verdauung und Ausscheidung. Er regt die Entgiftung des Gewebes an, stimuliert den Fluß der Körperflüssigkeiten und stärkt das Immunsystem. So verwundert es nicht, daß Hildegard von seiner fiebersenkenden Wirkung spricht und dabei noch die »schädlichen Säfte« erwähnt, durch welche das Fieber erst entsteht! Auch äußere Vergiftungen durch Medikamente, Fehlernährung oder Umweltgifte sind hier angesprochen. Die Krankheiten, die aus der Luft entstehen, können bei Hildegard als witterungsbedingtes Unwohlsein (Wetterfühligkeit) oder bei bestimmten klimatischen Verhältnissen grassierende Epidemien verstanden werden.

Auf der seelischen Ebene vermittelt Achat Schutz, Geborgenheit und Sicherheit, indem er innere Spannungen löst und gegen äußere Einflüsse stabiler

macht. Darin liegt offensichtlich seine Wirksamkeit bei Trübsinn begründet. Achat hilft hier, alle belastenden »Geistesgifte« auszuscheiden, innere Stabilität zu gewinnen und ein realistisches Bild der eigenen Situation zu gewinnen. Durch seine trigonale Kristallstruktur lenkt er den Blick auf das einfach-pragmatische Leben und hilft so in vielen Fällen, die besten Problemlösungen zu finden.

Für die körperliche Anwendung ist sein geschichteter Aufbau sehr wesentlich, denn es hat sich gezeigt, daß Achat genau jene Organe anspricht, die ihrerseits aus verschiedenen Haut- und Gewebsschichten bestehen. Das betrifft die Haut selbst, genauso jedoch das Auge, den Magen, Blase und Gebärmutter und zu guter Letzt auch die Blutgefäße. Erneut fällt auf, daß Hildegard von Bingen genau diese Organe bzw. damit verbundene Leiden in ihrem Text anspricht: Sie erwähnt die Heilwirkungen des Achats bei Sehschwäche oder Trübungen der Augen, Magenbeschwerden und jenen Herzschmerzen, die auf eine Verengung der Herzkranzgefäße zurückzuführen sind. Diese zur Seite ausstrahlenden Schmerzen sind deutliche Angina-pectoris-Symptome, Hinweise auf einen Herzmuskelkrampf, der durch eine mangelnde Blutversorgung des Herzens selbst hervorgerufen wird.

34 | *Der Onyx (Achat)*

Wird dabei im schlimmsten Fall der Herzmuskel dauerhaft geschädigt (Narbenbildung), so spricht man vom Herzinfarkt.

Da oft seelisches Erleben, Schreck, Anspannung oder Sorge der letzte Auslöser für die Verkrampfung der Gefäße ist, führt Achat hier schnell zu Entspannung und damit zur Schmerzlinderung. Zudem hilft die seelische Stabilität, die er mit sich bringt, dabei, gelassener zu werden, wodurch sich die Wiederholungsgefahr verringert. Doch auch im akuten Fall kann Achat dazu beitragen, daß ein Herzmuskelkrampf sich gar nicht zum Herzinfarkt entwickelt. Natürlich sollte man in einem solchen Fall sofort ärztliche Hilfe suchen, jedoch auch an den kleinen Helferstein denken! Die in der Folge beschriebene Wirkung auf die Milz läßt sich auf die lymphanregenden Qualitäten des Achats zurückführen, immerhin ist die Milz unser größtes lymphatisches Organ, quasi das Regenerationszentrum des gesamten Blutes.

Die Wirkungen auf die Haut, sowohl zur Wundheilung bei Verletzungen als auch zur Reinigung, sowie auf Blase und Gebärmutter bei Entzündungen und zur Regeneration nach Krankheiten sind bei Hildegard von Bingen nicht erwähnt, spielen heute in der Steinheilkunde jedoch eine große Rolle. Auch als Schwangerschafts-Schutzstein für Mutter und Kind hat der Achat sich bestens bewährt. Er ist sehr vielseitig und von Fundort zu Fundort verschieden, so daß einzelne Achate noch weitaus mehr Heilwirkungen zeigen können, als bisher allgemein bekannt wurde.

Anwendung:

Aus diesem Grund ist es auch sehr wichtig, für jede Anwendung den passenden Achat auszusuchen. Achten Sie dabei unbedingt auf die Signatur des Steins! Die Signatur (lat. »signum« = »Zeichen«) ist das Bild, welches ein Stein in seiner äußeren Erscheinungsform, seiner Farbe, Zeichnung und in seinem Entstehungsweg offenbart. Dieses Bild bezeichnet (»signalisiert«) wesentliche Merkmale seiner Heilwirkung, indem es z.B. bestimmte Körperstrukturen, Zellen, Gewebe oder Organe widerspiegelt oder an Stoffwechsel-, Körper- und Organfunktionen erinnert. Wenn Sie also Achate für bestimmte Anwendungen benötigen, achten Sie darauf, daß diese Achate in ihrer Zeichnung das Bild der jeweiligen Organe zeigen: Augen, Magen, Herz oder Blutgefäße, je nachdem. Es ist kein Zufall, wenn die Natur zweimal dieselbe Form hervorbringt, im Gegenteil, es wird daran deutlich, daß der Schöpfung ein größerer Zusammenhang innewohnt, genau das, was Hildegard von Bingen in ihrem Werk zu vermitteln sucht.

Der Onyx (Achat) | 35

HILDEGARD VON BINGEN: Der Beryll ist warm und entsteht immer zwischen der dritten Stunde des Tages und der Mittagszeit aus dem Schaum des Wassers, wenn die Sonne es kräftig erhitzt. Seine Kraft entstammt mehr der Luft und dem Wasser als dem Feuer, aber trotzdem ist auch er ein wenig feurig.

Wenn ein Mensch Gift gegessen oder getrunken hat, so schabe er sofort ein wenig vom Beryll in Quellwasser oder irgendein anderes Wasser und trinke es auf der Stelle. Fünf Tage lang verfahre er so, das Wasser einmal täglich auf nüchternen Magen zu trinken, so wird er das Gift durch Erbrechen ausspeien, oder es wird durch ihn hindurchlaufen und hinten ausgeschieden werden.

Wer den Stein immer bei sich trägt und ihn häufig in die Hand nimmt und oft ansieht, wird mit anderen Menschen keinen Streit bekommen und nicht streitsüchtig sein, sondern stets ruhig bleiben.

Mineralogie

Der Name »Beryll« ist so alt, daß sich sein Ursprung in der Vergangenheit verliert. Beryll leitet sich über das mittelhochdeutsche »berille« bzw. »brille« und das griechische »beryllos« von dem indischen Prakrit-Wort »veruliyam« ab, dessen Bedeutung leider unbekannt ist. Gesichert ist jedoch, daß der Name Beryll seit dem Altertum stets für jene Mineralfamilie verwendet wird, die ihn auch heute noch trägt. Allerdings werden heute die verschiedenfarbigen Varietäten der Berylle mit eigenen Namen belegt: Gelbe und grüne Varietäten (mit

Ausnahme des chromhaltigen Smaragds – siehe dort) werden als Beryll bezeichnet. Goldgelbe, feurige Varietäten in Edelsteinqualität tragen den Namen Goldberyll, gelbgrüne, edle Varietäten den Namen Heliodor. Der rosafarbene Beryll wird Morganit genannt, der dunkelrote Bixbit, der farblose Goshenit und der blaugrüne bis hellblaue edle Vertreter der Familie schließlich Aquamarin.

Außer dem farblosen, gelben und grünen Beryll sowie dem Aquamarin waren die anderen Vertreter der Beryll-Familie zur

Zeit Hildegards von Bingen noch unbekannt. Auch die Zugehörigkeit des Smaragds zur Beryll-Familie war bis ins 18. Jahrhundert nicht bekannt, weshalb auch Hildegard ihn gesondert bespricht. Berylle bilden sich bei Temperaturen von ca. 500° bis 700°C aus magmatischen Lösungen. Sie können erst entstehen, wenn die Hauptmasse des Magmas und damit auch viele der häufigeren Mineralstoffe bereits zu festem Gestein erstarrt sind. Dann reichert sich die übrige Schmelze immer mehr mit leichtflüchtigen Bestandteilen wie Wasser und Säuren an, die bei dieser Temperatur alle noch gasförmig sind, sowie mit seltenen Mineralstoffen wie Lithium, Cäsium, Zirkonium und in diesem Fall vor allem Beryllium.

Berylle finden sich daher in Klüften und Hohlräumen von Pegmatiten, jenen Gesteinen, die sich aus dieser sogenannten »Restkristallisation« bilden. Berylle bestehen aus einer Verbindung von Aluminium und Beryllium mit sechseckigen Silikatringen (Formel: $Be_3Al_2Si_6O_{18}$) und bilden deshalb typischerweise sechseckige (hexagonale) Kristallsäulen.

Auch beim Beryll trifft Hildegards Bild seiner Entstehung den Nagel auf den Kopf: Sie bezeichnet ihn als warm und ordnet ihn der frühen Mittagshitze zu. Tatsächlich entsteht er bei Temperaturen, die für magmatische Bildungen nahe des Höhepunkts liegen. Auch der Ursprung im heißen Schaum des Wassers ist treffend, da die heiße Materie, aus der er entsteht, eine teils flüssige, teils gasförmige Phase darstellt, eine schäumende Mischung verschiedener Stoffe, Dämpfe und Gase. Daher ist er ein wenig feurig (magmatisch), seine Kraft jedoch entstammt Luft (Gas) und Wasser (Flüssigkeit).

Steinheilkunde

In der modernen Steinheilkunde ist Beryll als ein Stein bekannt, der aufgrund seiner hexagonalen Kristallstruktur Zielstrebigkeit und Ehrgeiz fördert und bei der konsequenten Umsetzung der eigenen Ziele hilft. Vielleicht war Hildegard dies nicht bekannt, vielleicht hat sie es jedoch bewußt nicht erwähnt, da sie die Gefahr des Egoismus und Stolzes, die mit Ehrgeiz oft gepaart sind, für zu groß hielt. Egoismus und Stolz zählt Hildegard in ihrem Liber vitae meritorum (Buch vom Leben in Verantwortung) zu den 35 krankheitsverursachenden Lastern, denen sie als Tugend Demut und Gottesfurcht gegenüberstellt.

Doch Beryll bringt auch Tugenden mit sich: Disziplin, Stärke und Beharrlichkeit gehören zu den Qualitäten des Mineralstoffs Beryllium, die zur konsequenten Umsetzung der eigenen Ideale notwendig sind. Beryll hilft dadurch auch in Streßsituationen und unter Überbelastung, ruhig zu bleiben sowie Nervosität oder emotionale Ausbrüche zu vermeiden. Dies deckt sich mit der bei Hildegard beschriebenen Wirkung gegen die Streitsucht.

Daß Beryll entgiftend wirkt, kann ebenfalls bestätigt werden. Allerdings ist Hildegards Rezept in diesem einen Fall etwas schwer nachzuvollziehen. Beryll zählt zu den härtesten Edelsteinen (Härte 7,5−8) und ist daher nicht einmal für eine Stahlfeile angreifbar – er läßt sich nicht schaben. Zudem würde die innere Einnahme seines Pulvers unter Umständen gerade zu Vergiftungen führen. Aus der Homöopathie ist bekannt, daß die reine Information eines Stoffs, der bestimmte Krankheitssymptome auslöst, dabei hilft, genau jene Symptome zu lindern und zu heilen. Daher dürfte es im Fall des Berylls besser sein, auf ein anderes, bewährtes Rezept zurückzugreifen: nämlich, Beryll für einen oder mehrere Tage in Wasser zu legen und dieses dadurch informierte Wasser anschließend zu trinken. So läßt sich die entgiftende Wirkung des Berylls ohne jedes Risiko erzielen.

Abschließend soll noch eine weitere, bei Hildegard von Bingen nicht erwähnte Heilwirkung kurz angesprochen werden: Die Heilkraft des Berylls bei Kurz- und Weitsichtigkeit. Tatsächlich waren geschliffene Berylle bis ins Mittelalter hinein als Sehhilfen in Verwendung. Unser deutsches Wort Brille stammt vom mittelhochdeutschen Namen des Berylls. Erst als die Beryll-Sehhilfen durch die Glasbrillen verdrängt wurden, ging diese wertvolle Heilwirkung verloren.

Anwendung:

Um Stabilität und Gelassenheit zu erwerben, bietet sich Hildegards Anweisung an, den Beryll bei sich zu tragen, ihn im Bedarfsfall in die Hand zu nehmen und ihn regelmäßig kontemplativ zu betrachten. Zur Entgiftung dagegen wirkt das Beryll-Wasser besser. Heute kann man hier auch auf Edelstein-Essenzen zurückgreifen, die hergestellt werden, indem der jeweilige Edelstein über einen längeren Zeitraum in Alkohollösung eingelegt wird. Dabei bietet sich die Aquamarin-Essenz an. Generell wird es oft einfacher sein, Aquamarin im Handel zu erhalten als gelben oder grünen Beryll. Aquamarin läßt sich auch ohne weiteres für alle beschriebenen Heilwirkungen verwenden, auch zur Behandlung der Augen, auf die er als kleiner Kristall oder rundpolierter Stein abends aufgelegt wird.

HILDEGARD VON BINGEN: Der Sardonyx ist warm. Er wächst am Tag, nachdem die sechste Stunde schon vorüber ist bis zum Beginn der neunten Stunde des Tages. Dabei wird er von der reinen Sonne genährt, wenn die Sonne in ihrer Klarheit leuchtet, weil zu diesem Zeitpunkt die Luft abzukühlen beginnt. Daher hat er mehr vom Feuer als von der Luft oder dem Wasser.

Er hat starke Kräfte in seinem Wesen und verleiht den fünf Sinnen des Menschen eine besondere Schärfe. Für diese ist er ein Heilmittel, weil er bei voller Klarheit der Sonne entsteht, dann nämlich, wenn sich im hellen Schein der Sonne keinerlei Verunreinigung zeigt.

Wenn sich ein Mensch den Sardonyx auf die bloße Haut legt und auch oft in den Mund nimmt, so daß sein Atem ihn berührt, ihn dann herausnimmt und wieder hineinlegt, dann werden Verstand und Geist sowie alle Sinne seines Körpers gestärkt, und es werden bei diesem Menschen Jähzorn, Dummheit und Zügellosigkeit verschwinden. Denn wegen seiner Reinheit haßt und meidet der Teufel diesen Stein.

Wenn Mann oder Frau aufgrund ihrer Natur heftig in fleischlicher Lust entbrennen, dann soll der Mann einen Sardonyx auf seine Lenden legen, die Frau aber über ihren Nabel, und sie werden ein Heilmittel von dieser Lust haben.

Wenn aber irgendein Mensch einen Fieberanfall hat und wenn er aufgrund dieses Fiebers geschwitzt hat und es ihm nun besser geht, dann soll er diesen Stein sofort in einem Ring auf seinen Finger stecken, und er wird keinen Rückfall in das Fieber haben.

Der Sardonyx

Mineralogie

Sardonyx war in der Antike und im Mittelalter stets ein klar definierter Stein, ein Quarz (Chalcedon) der drei Farben aufweisen mußte: Das Rot oder Braun des Sarders, sowie das Weiß und Schwarz des (arabischen) Onyx. Daher stammt auch sein Name: Sarder-Onyx. Diese Definition blieb bis zur Zeit der sogenannten Aufklärung erhalten, als Gotthold Ephraim Lessing sich in seinen »Briefen antiquarischen Inhalts« noch vehement dafür einsetzte, daß der echte Sardonyx schwarz-weiß-rot sein müsse. Dennoch verwässerte diese klare Definition in den letzten zwei Jahrhunderten, so daß heute als Sardonyx auch jene Chalcedone gelten, die nur zwei dieser drei Farben in Kombination zeigen.

Als Sardonyx im Sinne Hildegards von Bingen kann jedoch nur der klassische dreifarbige Stein gelten, den man heute jedoch eher als dreifarbigen Achat statt als Sardonyx im Handel findet. Gehen Sie daher auf der Suche nach einem Sardonyx allen möglichen Spuren nach: Schauen Sie unter Achat, Chalcedon, Karneol, Onyx, Sarder und Sardonyx – wo immer Sie hierbei einen Stein in den Farben Rot/Braun-Weiß-Schwarz finden, handelt es sich um einen Sardonyx. In der modernen mineralogischen Defini-

tion rechnet man diesen Sardonyx nun zur Chalcedon-Familie. Die Chalcedone sind Quarze, die so winzige trigonale Kristallfasern bilden, daß man sie mit dem bloßen Auge nicht sehen kann. Als geschliffene Steine erscheinen sie nur durchscheinend oder milchig-trüb.

Sardonyx entsteht aus heißen magmatischen Lösungen in Hohlräumen vulkanischer Gesteine. In zähflüssiger Lava sammeln sich Gase oft zu kleinen oder größeren Blasen, die langsam aufzusteigen beginnen, jedoch in vielen Fällen nicht an die Oberfläche gelangen, bevor die Lava zu Gestein erstarrt ist. So bleiben in den neugebildeten Vulkangesteinen Blasenhohlräume bestehen, die sich später mit Kieselsäurelösung magmatischen Ursprungs füllen. Durch Abkühlen und Austrocknen erstarrt diese Kieselsäure dann allmählich, woraus sich Achat, Chalcedon, Karneol, Sarder oder eben in diesem speziellen Fall auch Sardonyx bilden kann.

Beim Sardonyx ist eben die Dreiheit seiner verschiedenen Schichten das besondere Merkmal: In jeder Schicht wechseln sich die verschiedensten Mineralstoffe ab. Die schwarze Onyx-Schicht enthält viel Eisen und vulkanische Ruß- und Aschepartikel, die rote oder braune Sarder-Schicht wird allein

42 | *Der Sardonyx*

durch Eisen gefärbt, die weiße Chalcedon-Schicht ist dagegen vollkommen rein ohne jegliche Fremdstoffe. Die Ursache dieses Wechsels, der sich innerhalb eines Steins sogar mehrfach wiederholen kann, ist mineralogisch noch ungeklärt. Er kann durch variierende Mineralstoffzuflüsse verursacht sein, oder es sind andere Kräfte, die dafür sorgen, daß sich die Verunreinigungen der Kieselsäure nur in manchen Schichten einlagern, so daß andere völlig ungetrübt bleiben.

Hildegards Beschreibung der klaren Sonne in der abkühlenden Luft weist eher auf diese zweite Variante hin, die durch die Erkenntnisse der modernen Physik auch durchaus denkbar wird. Einfallende Strahlung erzeugt in einem Hohlraum aufgrund der Hin- und Her-Reflektion Interferenzen, d.h. Überlagerungen der Lichtwellen, die zu gegenseitiger Verstärkung oder Auslöschung führen können. Auf diese Weise bildet sich eine Art stehender elektromagnetischer Wellen, die im Raum dreidimensionale energetische Muster bilden. Computersimulationen dieser unsichtbaren energetischen Muster ergaben Strukturen, die verdächtig an Achate, Chalcedone und eben auch unseren Sardonyx erinnern. Möglicherweise folgt also die Kieselsäure einem bestehenden energetischen Bild, wenn sie sich in Achaten oder im Sardonyx Schicht für Schicht anders ausbildet und andere Mineralstoffe einlagert. Ein solches energetisches Bild ist nicht unbekannt, in der Anthroposophie wird es zum Beispiel Ätherleib genannt. Alle Erscheinungsformen der Natur besitzen demnach einen solchen Ätherleib, der der stofflichen Entstehung vorangeht und nach dem sich alle stofflichen Formen dann ausbilden. Schon unser Wort »aus-bilden« verweist ja darauf, daß zuvor ein Bild da sein muß. Insofern würde Sardonyx tatsächlich wie bei Hildegard beschrieben durch den Einfluß von Strahlung (klare Sonne) in einem Abkühlungsprozeß (abkühlende Luft) entstehen.

Steinheilkunde

Die feurige Natur, die Hildegard von Bingen anspricht, steht im Zusammenhang mit dem farbgebenden Mineralstoff Eisen. Eisen wird von alters her dem Planeten Mars und dem Element Feuer zugeordnet. Es repräsentiert einerseits Qualitäten der Belebung und Vitalität, andererseits der Reinigung und

Der Sardonyx | 43

Auflösung. »Ein wenig Feuer wärmt – zuviel Feuer verbrennt« faßt ein marokkanisches Sprichwort diesen simplen Zusammenhang sehr schön zusammen. Aus diesem Grund bringt Hildegard von Bingen die reinigende und belebende Kraft des Feuers (der Sonne) auch gleich in Verbindung mit den Sinnesorganen, deren Funktion der Sardonyx verbessert und stärkt, und deren Erkrankungen er heilt.

Gerade in der modernen Welt ist diese Heilwirkung des Sardonyx sehr wichtig geworden. Aufgrund der vielen starken Reize, denen unsere Sinne inzwischen tagtäglich ausgesetzt sind, sind unsere ursprünglich angelegten Fähigkeiten – zu sehen, zu hören, zu tasten, zu riechen und zu schmecken – oft stark verkümmert und nur noch rudimentär erhalten. Verbringen wir einmal ein Wochenende oder eine Woche fernab der Zivilisation in der Natur, so erleben wir bei der Rückkehr in die Stadt sehr deutlich, weshalb wir alle Sinne verschließen müssen: Wir würden den Lärm, die Neonbeleuchtungen und den Gestank sonst einfach nicht aushalten. Fatalerweise erschaffen wir uns auf diese Weise jedoch eine ganze Reihe sogenannter Zivilisationskrankheiten: Sehschwäche, Hörstürze, Tinnitus (Ohrgeräusche), abgestumpfte oder zu völliger Funktionslosigkeit verkümmerte Geruchs- und Geschmackssinne, all diese Erscheinungen haben heute Hochkonjunktur wie nie zuvor.

Sardonyx hilft nun bei all diesen Erkrankungen. Außerdem klärt und verfeinert er unsere Sinneswahrnehmungen enorm. Ich selbst durfte mehrmals miterleben, wie durch den Sardonyx die Sehkraft verbessert wurde, und wie jahrelang verschwundener Geruchssinn wiederkehrte und Hörgeräusche verschwanden, so daß der normale Gehörsinn wiederhergestellt wurde. Außerdem konnte ich selbst eine Verfeinerung der Sinne bis hin zum extrem geschärften Gehörsinn und zur visuellen Wahrnehmung energetischer Phänomene erleben. Wir Menschen tragen viele Veranlagungen in uns, die wir in unserer heutigen Zeit kaum noch ausbilden können. So sind unsere Sinne zu weitaus mehr Wahrnehmung befähigt, als wir überhaupt für möglich halten. Hildegard von Bingen übertreibt also nicht, wenn sie schreibt, daß der Sardonyx starke Kräfte in seinem Wesen hat und den fünf Sinnen des Menschen eine besondere Schärfe verleiht. Ihn zu tragen, kann zu einigen Überraschungen führen. Doch er schützt unsere Sinne auch, denn er verleiht die Stärke, einströmenden Reizen standzuhalten und dabei gelassen zu bleiben, ohne gleich alle Sinne verschließen zu müssen.

44 | *Der Sardonyx*

Diese Stärke bezieht sich auch auf den ganzen geistig-seelischen Bereich. Sardonyx macht emotional stabil und fördert Selbstvertrauen, Zuversicht sowie die Fähigkeit zur Selbstüberwindung. Er hilft dadurch, ein aufrichtiges, charakterstarkes Leben mit gutem Gefühl und klarem Verstand zu führen. Dies ist sicherlich im Sinne Hildegards, wenn sie die Wirkung des Steins gegen Jähzorn, Disziplinlosigkeit und unkontrollierbare Triebe anspricht, denn manches Leid und manche Verwicklungen im Leben hätten wir uns wohl ersparen können, wären Disziplin und Selbstkontrolle in den entscheidenden Situationen möglich gewesen.

Sardonyx fördert die Tugendhaftigkeit. Dieser Begriff ist aus dem heutigen Sprachgebrauch leider fast völlig verschwunden, da das Ideal der Tugend in unserer modernen Gesellschaft nicht mehr propagiert wird. Dabei ist Tugend die geistige Ausrichtung auf das Wohl aller Wesen, verbunden mit Freundlichkeit und Aufrichtigkeit. Wer würde leugnen, daß wir genau dies heute mehr benötigen als je zuvor.

Körperlich besitzt Sardonyx daher eine starke Regenerationskraft. Er verbindet die Qualitäten des Chalcedons, Sarders und Onyx und hilft, nach schweren Erkrankungen und Infektionen wieder auf die Beine zu kommen. Wichtig ist, wie Hildegard sagt, daß man ihn erst verwendet, nachdem Fieber durch Schwitzen wieder absinkt, keinesfalls also zum Unterdrücken des Fiebers, das im Prinzip eine notwendige Abwehrmaßnahme unseres Immunsystems ist. So, wie der Heliotrop (Hildegards Jaspis, siehe dort) bei beginnenden Infektionen als »Echinacin unter den Steinen« eingesetzt werden kann, und Chalcedon oder Sarder (siehe dort) im Verlauf der Krankheit die besten Heilsteine sind, so ist die Zeit des Sardonyx die ausklingende Krankheit und die Erholungsphase.

Anwendung:

Zur Stärkung der Sinne sollte der Sardonyx mehrere Wochen direkt auf der Haut getragen und zusätzlich in ruhigen Momenten im Bereich der betroffenen Sinne aufgelegt werden. Für alle akuten Anwendungen empfehlen sich die Anweisungen Hildegards, im Fall schwerer Erkrankungen zusätzlich die Einnahme einer Edelstein-Essenz, die durch Einlegen in Wasser auch selbst hergestellt werden kann.

Um Rückfälle zu vermeiden, sollte Sardonyx besonders bei schweren Infektionen nach dem Abklingen der akuten Symptome noch mindestens eine Woche lang als Anhänger, Kette oder Handschmeichler in der Hosentasche getragen werden. Auf diese Weise überwindet man auch den oft noch verlängerten Schwächezustand schneller.

Der Sardonyx

HILDEGARD VON BINGEN: Der *Saphir* ist warm. Er wächst um die Mittagszeit, wenn die Sonne in ihrer Glut so stark brennt, daß die Luft durch ihre Glut etwas dunstig wird. Daher durchdringt der Glanz der Sonne aufgrund dieser übergroßen Hitze die Luft nur so weit, daß er nicht so vollkommen erstrahlt, wie es der Fall ist, wenn die Luft ein wenig abgekühlt ist. Deshalb ist der *Saphir* auch trübe und eher feurig als luftig oder wäßrig, und er bezeichnet die volle Liebe zur Weisheit.

Ein Mensch, der den Star im Auge hat, soll den *Saphir* in seiner Hand halten, ihn in der Hand oder durch Feuer erwärmen, und die Hornhaut in seinem Auge mit dem feuchten Stein berühren. Das soll er drei Tage lang morgens und abends tun, dann wird der Star zurückgehen und ganz verschwinden. Und wenn jemandem die Augen vor Schmerz gerötet und entzündet sind oder wenn sie schwach geworden sind, der nehme den *Saphir* im nüchternen Zustand in den Mund, daß er vom Speichel feucht wird. Anschließend nehme er etwas von dem Speichel vom Stein auf den Finger und bestreiche damit seine Augen, und zwar so, daß er auch die Augäpfel berührt. So werden diese geheilt und klar.

Ein Mensch, der am ganzen Leib die Gicht hat, so daß er die Schmerzen im Kopf und am übrigen Körper nicht mehr ertragen kann, der nehme eben diesen Stein in seinen Mund, und die Gicht wird verschwinden.

Wenn ein Mensch gute Auffassungsgabe und großes Wissen haben will, nehme er den *Saphir* täglich morgens, wenn er aufsteht, nüchtern in seinen Mund. Er lasse ihn für eine kurze Stunde im Mund, mindestens so lange, bis dieser vom Speichel, der ihn befeuchtet, genug aufgenommen hat. Danach nehme er ihn aus dem Mund, halte etwas Wein ans Feuer und erwärme diesen in einem Gefäß. Den Stein halte er in den Dampf des Weines, auf daß er zu schwitzen beginnt und feucht wird. Dann lecke er mit seiner Zunge von der Feuchtigkeit und trinke sofort ein wenig von dem Wein. Auf diese Weise bringt der Wein den Speichel, von dem der Stein erwärmt wurde, in den Leib des Menschen. Jener wird so einen klaren Verstand und ungetrübte Erkenntnis haben, und sein Magen wird dadurch gesund.

Aber auch wer dumm ist, so daß ihm jedes höhere Wissen fehlt, und trotzdem klug sein will, es aber nicht kann, und dabei keine Bosheit im Auge hat, noch auf solche aus ist, der lecke oft im nüchternen Zustand mit seiner Zunge am *Saphir,* damit die Wärme und die Kraft des Steines zusammen mit der warmen Feuchtigkeit des Speichels die schädlichen Säfte vertreibt, die den Verstand des Menschen stark beeinträchtigen. Auf diese Weise wird der Mensch zu gutem Verstand gelangen.

Wer von heftigem Zorn erregt wird, nehme sogleich einen *Saphir* in den Mund, dann wird der Zorn erlöschen und von ihm weichen. Wenn dieser Stein in einem Ring von reinstem, geläutertem Gold ohne Zusatz anderer Metalle gefaßt ist, und wenn unter dem Stein nichts anderes als Gold ist, dann kann man jenen reinen Ring mit dem gefaßten Stein als Heilmittel in den Mund nehmen, und es wird nicht schaden. Wenn aber noch etwas anderes dabei ist als Gold, wirkt er nichts, und man nehme ihn nicht in den Mund, weil dann an dem Ring etwas ist, was dem Stein entgegenwirkt.

Wenn ein Mensch von einem bösen Geist besessen ist, so stecke einen *Saphir* in einen Wachsklumpen und nähe diesen Wachsklumpen in einen Lederbeutel ein und hänge ihm diesen Beutel um den Hals. Dabei sprich: »O du schändlicher Geist, weiche schnell von diesem Menschen, so wie auch bei deinem ersten Fall die Herrlichkeit deines Glanzes schnell von dir gewichen ist.« Da wird der böse Geist hart bedrängt werden und von dem Menschen weichen, es sei denn, er ist besonders stark und bösartig, doch dem Menschen wird es bessergehen.

Wenn aber der Teufel einen Mann reizt, eine bestimmte Frau zu begehren, so daß er auch ohne Zauberbann und Beschwörungen liebestoll wird, und wenn dies der Frau lästig wird, dann soll sie dreimal etwas Wein über den *Saphir* gießen und ebensooft sprechen: »Ich gieße diesen Wein mit seinen glühenden Kräften über dich aus, damit du die glühende Begierde dieses lüsternen Mannes (Name) von mir nimmst, so wie Gott deinen Glanz, überheblicher Engel, von dir genommen hat.« Wenn die Frau dies nicht selbst tun will, kann ein anderer, dem diese Begierde Kummer macht, es an ihrer

48 | *Der Saphir (Lapislazuli)*

Stelle tun und dem Manne, vor oder nach dem Essen, mit seinem Wissen oder ohne, während dreier Tage oder mehr den Wein zu trinken geben. Aber auch wenn in einer Frau die Begierde zu einem Mann entbrannt ist, und dies dem Manne lästig wird, dann verfahre er selber der Frau gegenüber mit dem Wein und dem *Saphir* genauso, so wird die Leidenschaft verschwinden.

Mineralogie

Der Nachweis, welchen Stein Hildegard von Bingen nun mit dem Namen Saphir bezeichnet, ist nicht einfach zu führen. Im Altertum wurde mit griechisch »sappheiros« und lateinisch »sappirus« eindeutig der Lapislazuli bezeichnet. Theophrast (4. Jhd. v. Chr.) und Plinius (1. Jhd. n. Chr.) beschreiben den *Saphir* übereinstimmend als undurchsichtigen blauen Stein mit goldenen Sprenkeln. Plinius gibt als Ursprungsland Badakschan, das heutige Afghanistan, an und liefert damit einen deutlichen Hinweis auf den Lapislazuli.

Der heutige Saphir trug zu Zeiten der Antike noch den Namen »hyakinthos« oder »hyacinthus« (siehe auch Hyazinth), erhielt dann erst im Mittelalter den Zusatz »iacintus venetus«, blauer Hyazinth, und im 13. Jahrhundert schließlich »iacintus saphirinus«, saphirfarbener Hyazinth. Erst bei Konrad von Megenberg (1350) sehen viele Forscher wie zum Beispiel Hans Lüschen (in »Die Namen der Steine«) eine Beziehung des Namens Saphir zum heutigen Mineral: Jedoch als deutlicher Spiegel der Verwirrung, die im 14. Jahrhundert bezüglich dieser verflixten blauen Steine bestand, setzte Megenberg in seinem Buch der Natur die Namen »zunich« (Azurit), »lazûrstain« und »lapis lazurii« als Synonyme für den Lapislazuli (Seite 465 f.) und schilderte den *Saphir* an anderer Stelle, allerdings mit der Anmerkung, daß der beste aus Indien kommt und niemals durchsichtig ist (Seite 457). Wiederum ein Hinweis auf den Lapislazuli.

Hildegard von Bingens Buch von den Steinen wurde zudem schon 200 Jahre zuvor verfaßt. Das zeitgenössische Prüler Steinbuch aus dem 12. Jahrhundert, übrigens das älteste deutsche Steinbuch, benennt den Saphir eindeutig noch als »Jacincti Venetus«, als blauen Hyazinth. Der Bischof Marbod von Rennes, dessen Buch von den Edelsteinen (»Liber

Der Saphir (Lapislazuli) | **49**

de gemmis«) Hildegard von Bingen vielleicht sogar bekannt war, bezeichnet mit *Saphir* eindeutig den Lapislazuli, da er den besten, aus Medien stammenden, ebenfalls als stets undurchsichtig benennt. Es gibt also keinerlei Hinweis darauf, weshalb Hildegard von Bingen mit *Saphir* einen anderen Stein als den Lapislazuli benennen sollte, zumal sie ihn selbst noch als trübe bezeichnet! Aus diesem Grund ist der Name *Saphir* stets *kursiv* gedruckt, wenn damit die antike und die mittelalterliche Bedeutung »Lapislazuli« angesprochen ist. In Normalschrift erscheint Saphir, wenn der Name das heutige Mineral bezeichnet.

Lapislazuli, der *Saphir* Hildegards, entsteht während einer Kontakt-Metamorphose, wenn aus dem Erdinneren aufsteigendes Magma Sedimentgesteine wie Kalk oder Dolomit so unter Druck setzt und so stark erhitzt, daß das Sediment in seiner Gestalt und Mineralzusammensetzung verwandelt und zu metamorphem Marmor wird. In einem Stoffaustausch, einer sogenannten »Metasomatose« zwischen den Gesteinen, die sich aus dem Magma bilden (Granit, Syenit oder Pegmatit) und dem Marmor entsteht nun Lapislazuli, der sich dann in der Kontaktzone zwischen beiden Gesteinen findet. Dieser Bildungsprozeß stimmt mit dem Bild Hildegards

überein, in dem die Sonne (das Magma) die Luft (das Gestein) so stark erhitzt, daß sie dunstig wird (das Gestein sich verändert). Die Luft (das Gestein) kann dabei nicht ganz durchdrungen (verwandelt) werden, was tatsächlich auch der Fall ist, da eine Kontakt-Metamorphose räumlich eng um die Berührung mit dem Magma herum begrenzt bleibt. Lapislazuli kristallisiert kubisch, große zwölfflächige Kristalle (Rhombendodekaeder) sind jedoch sehr selten. In der Regel findet er sich in größeren Linsen im Gestein, die meist aus feinkörnig-dichten oder körnig-derben Massen bestehen. Im Rohzustand ist Lapislazuli matt, tief dunkelblau und mit goldenen Pyrit- oder gelblich-weißen Marmor-Einsprengseln versetzt. Er ist stets undurchsichtig, trübe, wie Hildegard schreibt, und besitzt tatsächlich trotz seiner blauen Farbe einen feurigen Charakter. Den erhält das sonst sehr kompakte Aluminium-Gerüstsilikat (Formel: $(Na,Ca)_8[(SO_4,S,Cl)_2/(AlSiO_4)_6]$ + FeS_2 + $CaCO_3$) durch seinen Eisen- und Schwefelgehalt. Beide Mineralstoffe zählen zum Element Feuer, wobei Eisen eher den belebend-vitalisierenden Aspekt darstellt, Schwefel den vulkanisch-explosiven. Aus der Eisen-Schwefel-Verbindung entsteht im Lapislazuli auch der Pyrit (FeS_2), der die goldenen Sprenkel bildet.

Der Saphir (Lapislazuli)

Steinheilkunde

Kubische Mineralien, insbesondere wenn sie zudem metamorpher Entstehung sind wie der Lapislazuli, helfen dabei, überalterte, einschränkende oder schädliche Gewohnheiten, Lebensstrukturen, Verhaltens- und Gedankenmuster aufzulösen. Durch seinen feurigen Charakter, vor allem aufgrund des Schwefelgehalts, zählt Lapislazuli dabei zu den besonders schnell und intensiv wirkenden Heilsteinen. Er hilft, sich von faulen Kompromissen zu befreien und bringt Vergessenes und Zurückgehaltenes ans Licht. Aus diesem Grund wird er auch der Stein der (inneren) Wahrheit genannt.

Nach den Erkenntnissen der modernen Steinheilkunde ist er dies in doppeltem Sinn: Wenn wir Wahrheiten, die andere uns nahebringen wollen, aus mangelnder Kritikfähigkeit nicht annehmen wollen, bleiben uns diese im wahrsten Sinne des Wortes »im Hals stecken«. Wir wollen »es nicht schlukken«, und schon entwickelt sich der berühmte »Frosch im Hals« daraus, wir bekommen Halsbeschwerden, Heiserkeit, Probleme mit dem Kehlkopf und den Stimmbändern, und mitunter bleibt uns gar die Stimme weg. Dasselbe kann passieren, wenn wir Wahrheiten, die wir anderen mitteilen müßten, aus Vorsicht, Angst oder Feigheit zurückhalten. Auch hier bleibt vieles »im Halse stecken« und führt zu denselben Symptomen von Halsbeschwerden, Heiserkeit, Problemen mit Kehlkopf und Stimmbändern oder gar dem Verlust der Stimme.

Lapislazuli beseitigt diese Blockade im Hals in beiden Fällen. Er ermöglicht uns, Kritik anzunehmen und auszuteilen. Auch wenn er in letzterem Fall mitunter den »Kragen platzen läßt«, so daß man sich selbst interessiert zuhört, was man dem anderen gerade an den Kopf wirft, hilft er doch dabei, das »reinigende Gewitter« vorüberziehen zu lassen. Anschließend ist die Atmosphäre gereinigt und der innere Friede wiedergefunden. In beiden Fällen führt Lapislazuli dazu, der eigenen inneren Wahrheit ein Stück näherzukommen.

Die Aufgabe, Korrekturen und Änderungen in unserem Leben durchzuführen, obliegt unserem Verstand, unserem Wachbewußtsein. Unser Verstand arbeitet analytisch (griech. »analyein« = »auflösen«), das bedeutet, er kann Erlebnisse (Handlungen und Wahrnehmungen) in ihre einzelnen Elemente auflösen, genau nachvollziehen, warum Dinge so geschehen, wie sie geschehen, und daraus Schlüsse ziehen, was gut und was zukünftig verbesse-

Der Saphir (Lapislazuli) | 51

rungswürdig ist. Diese Fähigkeit des Verstandes ist unbedingt lebensnotwendig, denn ohne sie würden wir stets nur die Erfahrungen der Vergangenheit wiederholen, mit all ihren Fehlern und Unzulänglichkeiten.

Unser Verstand hilft uns also, wie sein Name schon ausdrückt, Erlebtes zu verstehen und daraus zu lernen. Arbeitet er dabei gut, schnell und sicher, empfinden wir uns als intelligent. Eine schöne Definition von Intelligenz bezeichnet diese als die Fähigkeit, Dinge aufgrund von Ähnlichkeiten einander zuzuordnen und aufgrund von Unterschieden voneinander abgrenzen zu können. Je intelligenter wir also sind, desto besser und schneller gelangen wir in jeder Situation zu einer realistischen Einschätzung der Lage. Und wir können so verschiedene innere Bilder besser miteinander in Verbindung bringen und daraus wirklich Neues erschaffen.

Lapislazuli entsteht durch eine Metasomatose, durch einen Stoffaustausch zwischen Magma (dem neu entstehenden) und dem Umgebungsgestein (dem in der Vergangenheit geschaffenen). Daher verwundert es nicht, daß er genau jenen Austausch zwischen alter Erfahrung und neuer Idee oder Situation in uns fördert und so den Verstand in seiner Tätigkeit unterstützt. Lapislazuli regt unsere Denkfähigkeit in einem Maße

an, daß in sehr kurzer Zeit sehr viele Einsichten, Erkenntnisse und daraus resultierende neue Ideen auftauchen können. Mitunter sind es sogar so viele, daß wir nach kurzer Zeit schon das Bedürfnis haben, den Stein wieder abzulegen, um Raum für die Umsetzung des bisher Erkannten zu bekommen.

Genau diese Wirkung des Lapislazuli spricht Hildegard von Bingen an, wenn sie ihn als Heilstein für eine gute Auffassungsgabe, großes bzw. höheres Wissen und Klugheit benennt. Lapislazuli fördert die Intelligenz und ermöglicht es zusätzlich, Dinge von einer höheren Warte zu betrachten, so daß man aus einer größeren Übersicht heraus plötzlich das Ziel und den Sinn vieler Erlebnisse erkennt. Daher bezeichnet er in Hildegards Worten die volle Liebe zur Weisheit.

Wenn unser Verstand, unser Wachbewußtsein wieder die Kontrolle unseres Lebens übernimmt, können wir viele schlechte Gewohnheiten und emotionale Ausbrüche überwinden. Wir bleiben also in Situationen, die uns früher zum »Durchdrehen« brachten, bei Bewußtsein und können Probleme vernünftig lösen. Daher hilft Lapislazuli bei überwältigenden Emotionen, wie z. B. Zorn, und sogar in Situationen, in denen wir das Gefühl haben, nicht mehr Herr unserer Handlungen zu sein, Zustände, die zu Hildegards Zeiten als Besessenheit galten. Lapislazuli wird auch der Stein der Herrscher genannt, er verleiht die Herrschaft im eigenen Reich, im eigenen Leben.

Beherrschung ist auch das Stichwort in Hildegards abschließendem Absatz zum Kapitel »Lüsternheit«. Ob ihre Anweisungen gegen den Willen des anderen in diesem Fall funktionieren, entzieht sich meiner Kenntnis, aber sie sind ein schönes mittelalterliches Dokument und vor allem genau gegensätzlich zum üblichen Liebeszauber, bei dem versucht wird die Angebetete / den Angebeteten für sich zu erwärmen. Auf jeden Fall hilft Lapislazuli jedoch, den Verstand auch in Situationen walten zu lassen, in denen wir ihn gerne verabschieden, und so wird er sicherlich auch bei überflüssiger Aufdringlichkeit helfen.

Die erweiterte geistige Sicht des Lapislazuli spiegelt sich körperlich auch in einer Verbesserung des Augenlichts wider. Lapislazuli hilft tatsächlich bei vielen Augenleiden, auch wenn er hier nicht der Heilstein erster Wahl ist. In der Regel kommen Achat (Hildegard von Bingens *Onyx*) und Beryll (Aquamarin) häufiger zur Anwendung. Daß Lapislazuli bei Hildegard von Bingen auch als Heilmittel für die Gicht (übersäuerten Stoffwechsel) genannt wird, steht im Zusammenhang zu seiner intensiven blauen Farbe: Blau regt die Tätigkeit von Niere und Blase an, es fördert die Ausscheidung und hilft so, das Gleichgewicht des Hormon-, Säure/Basen- und Mineralstoffhaushalts in den gesamten Körperflüssigkeiten wiederherzustellen; auch Hildegard von Bingen spricht ja von der Gicht im ganzen Leib. Aus diesem Grund helfen blaue Steine gegen Übersäuerung und daraus resultierende Erkrankungen wie Rheuma und Gicht.

Anwendung:

Hildegards Anweisungen, die Kraft des Steins durch Speichel oder Wein aufzunehmen, dienen der Entfaltung einer raschen und intensiven Wirkung. Interessanterweise bestätigt sie mit der Formulierung, man müsse den Stein so lange im Mund behalten, bis er genug Speichel aufgenommen hat, noch einmal, daß es sich um den Lapislazuli handelt. Dieser ist nämlich im Gegensatz zum Saphir porös und nimmt tatsächlich Speichel auf! Für ihre Anwendungen empfiehlt sich daher auch ein roher Stein. In der modernen Steinheilkunde wird Lapislazuli in vielfältiger Form verwendet, er kommt genauso auch als Anhänger, Kette, Handschmeichler, Schmuckstück und Ring zum Einsatz. Lapislazuli sollte jedoch als Stein des Wachbewußtseins, des Verstandes möglichst nur tagsüber getragen werden. Im Schlaf unterdrückt er mitunter das notwendige Träumen.

Der Saphir (Lapislazuli)

HILDEGARD VON BINGEN: Der Sarder wächst nach der Mittagszeit bei starken Regenfällen, wenn im Herbst die Blätter der Bäume fallen und verwelken. Zu dieser Zeit, wenn die Sonne noch sehr warm, die Luft aber bereits kalt ist, erwärmt die Sonne den Stein in seiner Röte. Daher ist er von der Luft und vom Wasser her rein und gut gemischt, sowie in seiner (inneren) Wärme gut abgestimmt. Er wendet mit den ihm innewohnenden Kräften aufkommende Seuchen ab.

Wenn also ein Mensch aufgrund verschiedener Seuchen und Krankheiten so starkes Kopfweh hat, daß er dadurch fast wahnsinnig wird, dann binde man einen Sarder mit einer Kopfbedeckung, einem Tuch oder einem Beutel auf seinen Scheitel und spreche: »Wie Gott den ersten Engel in den Abgrund stürzte, so nehme er diesen Wahnsinn von dir, (Name), und gebe dir klaren Sinn zurück!« Und er wird geheilt werden.

Wem das Gehör von einer Krankheit taub geworden ist, tauche den Stein in reinen Wein und lege ihn feucht in ein dünnes Leintuch und stecke ihn in das taube Ohr. Dann lege er ganz feines Werg (heute Watte o. ä. zum Wärmen) außen auf das Tuch, so daß die Wärme des Steins in das Ohr dringen kann. Das wiederhole er oft, so wird er sein Gehör wiedererlangen.

Wenn ein Mensch von starkem Fieber geschüttelt wird, woraus ihm Krankheit, Frost und allerlei Übel entstehen, und seine Haut wird davon glühend, so gebe er den Sarder sofort in den Urin, den er nach dem ersten Schlaf läßt, und spreche: »Mit dir werfe ich in diesen Urin den Glanz, der nach dem Willen Gottes am ersten Engel erstrahlte und wieder von Gott zurückgenommen wurde, damit du, Fieber, von mir abfällst und zurückweichst!« Auf diese Weise verfahre er drei Nächte lang, weil der Urin des Menschen nach dem ersten Schlaf die meiste Kraft hat.

Auch wer Gelbsucht hat, verfahre des Nachts in derselben genannten Weise mit Urin und Sarder und spreche die angegebenen Worte und mache es auf diese Weise drei Nächte lang, so wird er geheilt werden.

Und wenn eine schwangere Frau, von Schmerzen überwältigt, nicht niederkommen kann, so streiche den Sarder über ihre beiden Lenden und sprich: »So wie du, o Stein, auf Gottes Geheiß hin am ersten Engel erstrahltest, so tritt du hervor, o Kind, als strahlender Mensch und ruhend in Gott!« Halte den Stein dann sogleich an den Geburtskanal, also an die Scham der Frau, und sprich: »Öffnet euch, ihr Wege, öffne dich, Pforte, kraft der Erscheinung Christi als Gott und Mensch. So wie er die Riegel der Unterwelt geöffnet hat, so sollst auch du, Kind, bei dieser Pforte heraustreten, ohne dir oder deiner Mutter den Tod zu bringen!«

Schließlich binde den Stein in einen Gürtel und gürte die Schwangere mit diesem und dem Stein, so wird sie genesen.

Mineralogie

Der Name Sarder war vom Altertum bis zur Zeit Hildegards von Bingen ein feststehender Begriff für den braunen, roten, orangenen und gelben Chalcedon. Die Herkunft des Namens ist nicht vollständig geklärt, manche beziehen ihn auf die Stadt Sardes in Kleinasien, die Fundort oder Umschlagsplatz des Sarders gewesen sein soll, andere erkennen als Wurzel des Namens das persische Wort »serd« = »gelbrot«. Letztere Version wäre auf jeden Fall einleuchtend.

Gerade im 12. Jahrhundert, zur Zeit Hildegards, wurde der antike Sarder noch einmal differenziert: Die gelben und orangefarbenen Varietäten des Chalcedons wurden von nun an in Anlehnung an die Kornelkirsche oder das fleischfarbene (lat. »corneolus«) Aussehen des Steins Karneol genannt. Der Name Sarder blieb nur für den rotbraunen bis braunen Chalcedon erhalten. Da auch Hildegard von Bingen in ihrem Buch von den Steinen beide Steine gesondert aufführt, fällt die Identifikation leicht: Mit Hildegards Sarder ist tatsächlich der braune Chalcedon beschrieben. Heute allerdings, 800 Jahre später, ist der Name Sarder allmählich am Verschwinden. Im Handel ist er bereits sehr unüblich geworden, so daß man den Stein nun ironischerweise als »braunen Karneol« suchen muß. Wie es dazu kam, liegt im Dunkeln – Sprache ist eben lebendig.

Sarder entsteht aus eisenreichen, dünnflüssigen Kieselsäurelösungen magmatischen Ursprungs in Hohlräumen vulkanischer Gesteine. Die Kieselsäure muß dabei stark wasserhaltig sein, damit es nicht zur Bildung und Abscheidung von Eisensilikaten, wie z. B. in den grünen Schlieren des Moosachats, kommt, sondern das Eisen als rotbraunes oder braunes Eisenoxid im entstehenden Chalcedon fein verteilt (»rein und gut gemischt«) bleibt. Die von Hildegard von Bingen beschriebenen starken Regenfälle treffen die Charakteristik der Entstehung also erneut mit erstaunlicher Präzision.

Um die braune Farbe zu erzeugen, muß beim allmählichen Austrocknen der Kieselsäure im vulkanischen Gestein noch genügend Wärme vorhanden sein, damit sich tatsächlich das dunklere, rotbraune Eisenoxid des Sarders und nicht das hellere, gelb-orange Eisenhydroxid des Karneols bildet. So liegt Hildegard von Bingen auch hier richtig, wenn sie schreibt, daß die Luft (die Kieselsäure) zwar bereits abgekühlt ist, die Sonne (das nahe Magma) jedoch noch sehr warm ist, so daß der Stein in seiner Röte (zum Rotbraun-Werden) erwärmt wird. Auch der symbolische Zeitpunkt Nachmittag bzw. Herbst, also nach dem Höhepunkt der größten Hitze (des Magmas), paßt.

Als brauner Chalcedon zählt Sarder zur Quarz-Familie (Formel: SiO_2 + $[Fe_2O_3]$), jedoch zu jenen sogenannten mikrokristallinen Quarzen, deren trigonale Kristalle zu klein sind, um mit dem bloßen Auge gesehen zu werden.

Steinheilkunde

Wie für die Chalcedon-Familie üblich, regt auch Sarder aufgrund seiner Entstehung die Aktivität der Körperflüssigkeiten an. Wegen seines Eisengehalts wird dabei gerade die Lebenskraft des Blutes und die Aktivität des Immunsystems erhöht. Er ist also, wie Hildegard von Bingen schreibt, in erster Linie ein Heilstein zur Abwehr von Infektionskrankheiten (Seuchen), was die körperbezogene braune Farbe noch unterstreicht. Im Gegensatz zum nahe verwandten Sardonyx wird er bei Hildegard von Bingen jedoch nicht als Regenerationsstein nach der Erkrankung genannt, sondern als Heilstein, der bereits vor dem Wendepunkt der Krankheit seinen Einsatz findet.

So ist es zum Beispiel schädlich und kann gerade zu Komplikationen führen,

Der Sarder | 57

wenn Fieber im Krankheitsverlauf zu früh unterdrückt wird. Dann gelingt es dem Immunsystem nämlich nicht, den Ansturm der Krankheitserreger zu brechen. Erst wenn das Fieber seinen Dienst getan hat, ist auch der Zeitpunkt für den Einsatz fiebersenkender Maßnahmen gekommen. Dieser Zeitpunkt läßt sich auf einfache Weise feststellen: Solange der Körper selbst das Fieber erhöhen oder aufrechterhalten möchte, sammelt er alle Energie im Rumpf. Daher fühlen sich selbst bei hohen Temperaturen Hände und Füße normal temperiert oder sogar kühl an. Genau in dieser Phase sollte man das Immunsystem deshalb mit fiebertreibenden Mitteln wie Sarder oder Granat (Hildegards *Karfunkel*) und Schwitzkuren unterstützen. Erst wenn der Körper das Fieber senken will, versucht er die Temperatur über die Extremitäten loszuwerden, Hände und Füße werden heiß. In diesem Moment sind Wadenwickel und fiebersenkende Mittel wie Hyazinth, Achat (Hildegards *Onyx*), Topas oder Prasem eine echte Hilfe.

Sarder hilft also dem Immunsystem, seine Funktion zu erfüllen. Auf diese Weise verhindert er das Entstehen von Komplikationen wie Hirnhautentzündung oder ähnliches, die heutzutage gerade dann eintreten, wenn die früher ärztlicherseits verordnete strenge Bettruhe nicht eingehalten wird. Leider denken Ärzte wie Patienten heute allzuoft, die Gesundheit wäre bereits wiederhergestellt, wenn durch Antibiotika und fiebersenkende Medikamente alle Symptome unterdrückt sind. Munter geht man dann wieder zur Arbeit – bis einen der lange Arm der Krankheit auf noch heftigere Weise wieder einholt. Daß die Krankheit dagegen richtig aufblüht, sich vielleicht auch in Ausschlägen und Hauterscheinungen (glühende Haut) zeigt, also nach außen gebracht wird und dann abklingen kann, dabei hilft der Sarder. Interessanterweise bringt Hildegard von Bingen den Stein hier mit Morgenurin in Verbindung, dessen immunstärkende und ähnlich wirkende Heilkraft ja bekannt ist.

Darüber hinaus hilft Sarder jedoch auch, wenn Komplikationen und Folgeschäden der unauskurierten Krankheit bereits eingetreten sind. Die Beschreibung der Kopfschmerzen bei Hildegard weist auf Hirnhaut- und Mittelohrentzündungen hin, vor allem, da sie gleich anschließend auch Gehörschäden erwähnt. Sarder hilft, diese Krankheitsfolgen zu heilen, doch möchte ich darauf hinweisen, daß bei solchen lebensbedrohenden Komplikationen auf jeden Fall medizinischer Rat eingeholt werden sollte. Dasselbe gilt für die Gelbsucht, die als Folge verschiedener Infektionen,

Gallenstauungen und anderer Erkrankungen auftreten kann. Da Sarder jedoch ein typischer Infektions-Heilstein ist, spricht Hildegard wahrscheinlich die im Zusammenhang mit Virusinfektionen (Hepatitis) und Bakterien-Erkrankungen (Salmonellen, Leptospiren) auftretende Gelbsucht an.

Die Erleichterung der Geburt mit Hilfe des Sarders, die Hildegard abschließend erwähnt, ist im Prinzip jedoch mehr eine wehentreibende als öffnende Unterstützung. Auch wenn die Chalcedon-Natur etwas entspannend wirkt, so sind zur Öffnung des Muttermunds (der Pforte) und des Geburtskanals (der Wege) viel eher magnesiumhaltige Steine vonnöten, wie z. B. Heliotrop (Hildegards Jaspis) und die heute gebräuchlichen und sehr erfolgreichen Biotit-Linsen. Hildegards Formulierung »... von Schmerzen *überwältigt*, ...« weist darauf hin, daß Sarder eher bei Kraftlosigkeit hilft, die aufgrund einer schmerzhaften oder lange andauernden Geburt entstanden ist. Bei vielen Geburten kommt es dazu, daß die werdende Mutter am liebsten aufgeben und weggehen und diesen anstrengenden, schmerzhaften Vorgang gerne jemand anderem überlassen würde. Dieser Punkt ist oftmals kurz vor der eigentlichen Austreibungsphase des Kindes. Genau hier hilft Sarder, noch einmal alle Kräfte zu sammeln und das Unvermeidliche durchzustehen. Er mobilisiert alles, was noch an Energie zur Verfügung steht. Und das tut er als eisenhaltiger Chalcedon ganz gewiß. Schließlich fördert er ja auch die Regeneration nach der Geburt.

Anwendung:

Um die unmittelbaren körperlichen Wirkungen des Sarders gut zur Geltung zu bringen, ist der direkte Hautkontakt des Steins immer zu empfehlen. Eine Flüssigkeitsbrücke durch Wein oder Urin herzustellen, wie Hildegard es empfiehlt, verbessert die Einwirkung des Steins dabei noch. Im Zusammenhang mit Fieber und Gelbsucht fehlt in Hildegards Text jedoch die Anweisung, was mit dem Stein geschehen soll, nachdem er in den Urin gelegt wurde. Eine indirekte sympathiemagische Wirkung hat Hildegard dabei wohl kaum im Sinn, das würde wenig zu ihrer sonstigen Art passen, vielmehr ist zu vermuten, daß diese Anweisung verlorenging.

Gerade der Text zum Sarder ist ähnlich wie beim Hyazinth in allen erhaltenen Handschriften unvollständig und wurde für dieses Buch aus dem Vergleich verschiedener Schriften rekonstruiert. Vermutlich war von Hildegards Seite her in den beiden genannten Fällen Körperkontakt zum Stein vorgesehen, entweder indem er in den Mund genommen wird, oder durch Auflegen auf die Leber, denn auch der angegebene Behandlungszeitraum »des Nachts« verweist auf die Zeit, in der die Leber ihre Höchstleistungsphase hat.

Der Sarder | **59**

HILDEGARD VON BINGEN: Der Topas wächst um die neunte Stunde des Tages in der Glut der Sonne, kurz bevor die neunte Stunde voll ist, weil die Sonne dann am reinsten ist ohne Trübung von der Tageshitze und Verunreinigungen der Luft. Daher ist er sehr rein, feurig und warm, und hat nur wenig Luft und Wasser in sich. Er ist klar und seine Klarheit gleicht der des Wassers, aber seine Farbe ist dem Golde ähnlicher als dem Gelb.

Er widersteht der Hitze und dem Gift, also Vergiftungen und anderem Übel und duldet sie nicht, wie auch das Meer keinen Unrat in sich ertragen kann. Denn wenn in Brot oder Fleisch oder Fisch oder in irgendeiner Speise oder in Wasser oder Wein oder in irgendeinem Getränk Gift enthalten ist und wenn ein Topas in der Nähe vorhanden ist, dann schwitzt dieser sofort, wie das Meer schäumt, wenn Unrat in ihm ist. Daher soll ein Mensch beim Essen und Trinken einen Topas am Finger tragen und in die Nähe von Speise und Trank halten und ihn immer wieder betrachten, denn wenn in der Speise oder dem Trank ein Gift ist, so schwitzt er sofort.

Auch wem die Augen schlecht werden, lege einen Topas drei Tage und Nächte in reinen Wein und bestreiche dann zur Nacht, wenn er schlafen geht, mit dem feuchten Topas die Augen, so daß die Feuchtigkeit auch die Augäpfel selbst ein wenig benetzt. Nachdem er den Stein (aus dem Wein) herausgenommen hat, kann er diesen Wein fünf Tage lang aufbewahren, und sooft er seine Augen später noch zur Nacht bestreichen will, tauche er den Stein in jenen Wein und streiche mit dem feuchten Stein, wie oben genannt, rings um die Augen. Dies wiederhole er oft, wobei er immer nach fünf Tagen neuen Wein mit dem Topas bereitet. Auf diese Weise werden seine Augen klar, wie durch die beste Augensalbe, denn die Wärme und Kraft des Steins und die gleiche Wärme und Kraft des Weins vertreiben die schlechten Säfte der trüben Augen.

Wenn jemand Fieber hat, grabe er mit dem Topas drei kleine Mulden in ein weiches Brot, gieße reinen Wein hinein und fülle, wenn der Wein versickert ist, weiteren Wein nach. Dann betrachte er sein Gesicht im Wein, den er in die Mulden gegossen hat, wie in einem Spiegel und spreche: »Ich sehe mein Antlitz wie in dem Spiegel, in dem Cherubim und Seraphim Gottes Antlitz schauen, auf daß Gott dieses Fieber von mir nehme.« So verfahre er immer wieder, und er wird geheilt werden.

Wer aussätzig ist, erhitze einen Ziegel, lege Haferspreu darüber, so daß sie dampft und halte den Topas über jenen Dampf, bis er schwitzt, und streiche dessen Schweiß über die vom Aussatz befallene Stelle. Wenn er das getan hat, nehme er Olivenöl und mische es mit einem Drittel Veilchensaft und salbe mit diesem Öl die vom Aussatz befallene Stelle, die zuvor mit der Ausdünstung des Topas benetzt worden war. Dies wiederhole er häufig, und der Aussatz wird aufbrechen, und es wird dem Menschen bessergehen, wenn nicht sein Tod eintritt.

Wer an der Milz leidet oder wer innerlich von Fäulnis geplagt ist, also wessen Körper von innen heraus verfault, lege den Topas fünf Tage lang in echten Maulbeerwein. Dann nehme er den Stein heraus, bringe Wein zum Sieden, so daß er dampft, und halte den Topas in den Dampf, bis daß er schwitzt, so daß sein Schweiß sich mit dem Wein vermischt. Danach lege er den Stein für eine kurze Stunde in eben diesen heißen Wein, nehme ihn dann wieder heraus und bereite mit jenem Wein eine Suppe oder eine Brühe ohne Fett. Das wiederhole er häufig und trinke es, und seine Milz wird geheilt und die innere Fäulnis vermindert werden.

Der Maulbeerwein hat nicht aus sich heraus, sondern aus anderer Quelle seine Kraft. Wenn man den Topas in dessen Dampf hineinhält, so verbindet sich der Stein mit der Kraft des Maulbeerweins, so daß jener hernach sehr brauchbar wird. Danach lege man den Stein, der nicht aus fremder, sondern eigener Quelle Kraft hat, in den Wein, so ergießt er die Kraft, die er dem Maulbeerwein entrissen hat, ebenso in den Wein, wie jene, die er aus seiner Natur besitzt.

Lege auch täglich am Morgen den Topas auf dein Herz und sprich: »Gott, der über alle und in allem erhaben ist, verwerfe mich nicht in seinem An-

62 | *Der Topas*

sehen, sondern erhalte, bestärke und festige mich in seinem Segen.« Solange du solches tust, wird dich das Unheil meiden. Denn von Gott hat der kraftvolle Topas seine Macht, alles Übel vom Menschen abzuwenden, weil er wächst, wenn die Sonne sich zum Niedergang wendet.

Mineralogie

In der Antike war der Gebrauch des Namens Topas nicht einheitlich. Der Vergleich verschiedener Aussagen in den Schriften Plinius' und Isidors von Sevilla lassen darauf schließen, daß sowohl der heutige gelbe Topas als auch die umliegenden Chrysolith (Peridot), grüner Fluorit und ein nicht näher identifizierbarer roter Stein mit dem Namen Topas belegt wurden. Glücklicherweise klärt sich diese Verwirrung bereits bei Marbod von Rennes, der den Topas als gelb in verschiedenen Tönungen benennt, was die anderen drei Mineralien ausschließt. Hildegard von Bingen definiert 100 Jahre später die Farbe des Steins sogar noch enger als goldfarben, was eindeutig auf den heutigen Topas Imperial verweist. Warum sie hier so enge Grenzen setzt, ist vermutlich darauf zurückzuführen, daß sie andersfarbige Topase nicht kennt. Nach den heutigen Erkenntnissen kann jedoch für die bei ihr beschriebenen Heilwirkungen grundsätzlich jeder Topas verwendet werden.

Topas entsteht aus heißen magmatischen Dämpfen bei der Bildung kieselsäurereicher Tiefengesteine. Bei dieser sogenannten pneumatolytischen Bildung (griech. »pneuma = Dampf« und »lyein = lösen«) lösen die aggressiven sauren Dämpfe Mineralstoffe aus den Gesteinen heraus und verbinden sich damit. Im Fall des Topas ist vor allem die fluorhaltige Flußsäure mit im Spiel. Die Temperatur ist bei diesen Vorgängen noch sehr hoch, sie liegt bei ca. 375 °C – 450 °C. Daher paßt die Angabe Hildegards, daß der Topas in der Sonnenglut entsteht, jedoch erst nachmittags, wenn der Abkühlungsprozeß (des Magmas) bereits begonnen hat.

Hildegards Aussage über seine Reinheit, Klarheit und sein Feuer beziehen sich sicherlich auf seine äußere Erscheinung, denn Topas kann sehr rein und klar, sowie mit starkem Glanz auftreten. Letzterer wird unter Juwelieren tatsächlich auch als »Feuer« bezeichnet.

Topas wird in Form rhombischer Kristalle in Klüften und Gängen des Ge-

Der Topas | 63

steins gefunden. Wie der Hyazinth zählt er zu jener Gruppe von Silikaten, die kompakte Kristallgitter aus einzelnen Silikatmolekülen bilden (Insel-Silikate). Seine wichtigsten Mineralstoffe sind Aluminium und Fluor (Formel: $Al_2[F_2/SiO_4]$). Ohne weitere Beimengungen bleibt er klar, durch Spuren von Eisen wird er blau, bei höherer Eisenkonzentration rot, durch Mangan braun, durch Chrom gelb und durch Phosphor goldfarben. Alle diese farbgebenden Stoffe zählen zum Element Feuer, insbesondere auch der letztere. Da der reine Phosphor sich an der Luft von allein entzünden und im Dunkeln leuchten kann, wird er speziell der Sonne zugeordnet, und aufgrund dieser Eigenschaften erhielt er auch seinen Namen »phosphoros« (griech. = »lichttragend«).

Steinheilkunde

Die wichtigste Heilwirkung des Topas formuliert Hildegard von Bingen gleich zu Beginn, indem sie schreibt, daß er Hitze, Gift und anderem Übel *widersteht*. Topas ist in all den beschriebenen Wirkungen, ob nun Augenleiden, Fieber, Hauterkrankungen (Aussatz), Milzleiden oder Vergiftung angesprochen sind, selbst bei Hildegard nie der Stein der ersten Wahl. Für die Augen und Milz denkt man eher an Achat (Hildegards *Onyx*), gegen Fieber an Sarder, bei Hauterkrankungen an Amethyst und gegen Vergiftung an den Beryll. Die Qualitäten des Topas sind dagegen viel umfassender, er ist der Stein, der generell die Widerstandskraft stärkt!

Dies kann von der modernen Steinheilkunde mehrfach bestätigt werden: Als Insel-Silikat zählt der Topas zu jenen Heilsteinen, die aufgrund ihres kompakten Aufbaus Widerstandskraft, Individualität und Eigenständigkeit fördern. Hinzu kommt die Flexibilität, Regenerationskraft und antiallergische Wirkung des Fluors, die Wachheit, Beruhigung und Entsäuerung des Aluminiums sowie zu guter Letzt die Belebung und Anregung des Licht- und Energieflusses durch die weiteren feurigen Elemente. Kurz und gut: Topas bringt alle in Unordnung geratenen Prozesse geistiger, seelischer und körperlicher Natur wieder zurück in ihre natürliche, lebendige Ordnung. Er hilft, den eigenen, selbstgewählten und im Einklang mit der Schöpfung stehenden Lebensweg zu finden, den eigenen inneren Reichtum zu entdecken und sich so in allen Lebensbereichen zu verwirklichen.

64 | *Der Topas*

Dies gibt seelische Stabilität, Selbstvertrauen und stärkt den Körper, aus sich heraus jegliches Krankheitsgeschehen zu überwinden. Klarer Topas wird daher auch dazu eingesetzt, in schwierigen und zu langsam verlaufenden Heilungsprozessen einen Durchbruch zu bewirken. Dazu wird er mit jenen Heilsteinen kombiniert, die gezielt eine bestimmte Symptomatik oder Krankheitsursache ansprechen. Das trifft auch für die oben genannten weiteren Heilsteine Hildegards zu. In der Regel läßt sich durch sie eine spontane Beschleunigung des Gesundungsprozesses beobachten.

Als alleinige Heilsteine lassen sich folgende Topas-Varietäten besonders gut verwenden: gegen Vergiftungen der gelbe (chromhaltige) oder braune (manganhaltige) Topas, für die Augen der blaue (eisenhaltige) Topas, gegen Fieber der rote (stark eisenhaltige) Topas, bei Hautbeschwerden, auch Allergien, der goldfarbene (phosphorhaltige) Topas Imperial, bei Milzleiden, inneren Erkrankungen und Entzündungen (Fäulnis) schließlich der braune (manganhaltige) Topas. Für das Morgengebet, die letzte Anweisung Hildegards, empfiehlt sich der klare Topas.

Anwendung:

Es fällt auf, daß Hildegard von Bingen bei manchen Anwendungen des Topas keinen direkten Kontakt zum Stein oder der mit dem Stein informierten Flüssigkeit empfiehlt (Vergiftung und Fieber). Der Grund, weshalb dies so ist, wird durch den Schlußsatz ihres Topas-Textes etwas erhellt: »Denn von Gott hat der kraftvolle Topas seine Macht, alles Übel vom Menschen abzuwenden, weil er wächst, wenn die Sonne sich zum Niedergang wendet.« Offenbar ist der Topas ein sog. »Wende-Stein«. Wendetechniken gibt es in Europa schon seit Jahrtausenden, im Brauchtum sind sie über das Mittelalter bis heute überliefert. Das Wenden selbst ist stets ein geistig-magischer Prozeß, bei dem in den meisten Fällen keine weitere körperliche Behandlung notwendig ist. Hildegards Gebete und Weiheformeln, die sie bei vielen Steinen erwähnt, erinnern sehr an das uralte und bis heute erfolgreiche Wenden und Gesundbeten.
Daß es sich um eine solche Vorgehensweise handelt, stützt auch der Hinweis auf den Zeitpunkt, »wenn die Sonne sich zum Niedergang wendet«. Wendetechniken wurden in der Regel immer bei sinkender Sonne (12.00 bis 24.00 Uhr) und abnehmendem Mond durchgeführt, insbesondere noch, wenn der Mond in einem Wasserzeichen (Fische, Krebs, Skorpion) stand.
Neben den Anweisungen Hildegards kann Topas auch direkt am Körper getragen oder in der Hosentasche mitgeführt werden, auch über einen längeren Zeitraum. Bei akuten Erkrankungen empfehlen sich auch die Edelstein-Essenzen. Glücklicherweise sind als Essenz fast alle Topas-Varietäten erhältlich.

Der Topas

HILDEGARD VON BINGEN: Der Chrysolith entsteht aus der Sonnenglut und der Feuchtigkeit der Luft nach der Mittagszeit gegen die neunte Stunde des Tages und hat eine Art lebensspendender Kraft in sich. Diese ist solcher Art, daß das Junge eines Vogels oder eines vierfüßigen Tieres von seiner Kraft so gestärkt würde, wenn der Stein bei der Geburt neben ihm läge, daß es vorzeitig zu laufen anfangen würde.

Ein Mensch, der Fieber hat, erwärme Wein und halte den Chrysolith über den Dampf des Weines, so daß der Schweiß des Steines sich mit dem Wein vermischt. Den so erwärmten Wein trinke er und nehme den Stein für eine knappe Stunde in seinen Mund. So verfahre er oft, dann wird es ihm besser gehen.

Wer an Herzschmerzen leidet, tauche den Stein in Olivenöl und streiche dann den in Öl getauchten Stein über die schmerzende Stelle, so wird es ihm bessergehen. Wenn der Schmerz jedoch in den Bauch vorgedrungen ist, so binde er den vom Öl feuchten Stein einen Tag und eine Nacht über den Nabel, so durchdringt das Öl die Haut des Menschen wie eine gute Salbe und vertreibt sein Leiden.

Derselbe Stein festigt auch das Wissen bei dem Menschen, der ihn bei sich trägt, so daß derjenige, der gute Kenntnisse und Fähigkeiten besitzt, den Stein an sein Herz legen soll, und solange dieser dort verweilt, werden Kenntnisse und Fähigkeiten nicht von ihm weichen.

Denn der Chrysolith hat gewisse Kräfte von den sieben Stunden des Tages, so wie er auch in diesen Stunden gemischt wurde, und deswegen soll man ihn auf die Haut über dem Herz eines Menschen legen, so daß der Leib des Menschen durch ihn erwärmt wird. Dann vertreibt er die schlechten Säfte, die das Herz des Menschen in Trauer stürzen, und reinigt das Herz dieses Menschen.

Aber auch die Luftgeister schrecken bis zu einem bestimmten Grade vor diesem Stein zurück, weil sie alles fliehen, was wohl beschaffen und geordnet ist.

Mineralogie

Der Nachweis, welchen Stein Hildegard von Bingen mit dem Chrysolith beschreibt, ist aus der Entwicklung des Namens nicht zu führen. Chrysolith bedeutet Goldstein (griech. »chrysos« = »Gold«, »lithos« = »Stein«) und bezeichnete früher goldglänzende bis gelbgrüne, durchscheinende Steine. Dafür kämen jedoch Beryll, Chrysoberyll, Citrin, Fluorit, Peridot, gelber Saphir und gelber Topas in Frage. Erst im 18. Jahrhundert wurde der Chrysolith eindeutig als Olivin bzw. Peridot definiert.

So bleibt als Anhaltspunkt zur Identifikation des Minerals nur Hildegards Beschreibung der Entstehung und Heilwirkung. Die Entstehung ihres Chrysoliths dürfte magmatisch sein, da Sonnenglut und Feuchtigkeit auf einen heißen, flüssigen Bildungsbereich verweisen. Liquidmagmatischer Entstehung ist unter den zur Wahl stehenden Mineralien jedoch nur der Peridot.

Vergleicht man weiterhin die Heilwirkungen des Chrysoliths bei Hildegard mit den Erkenntnissen der modernen Steinheilkunde, so finden sich sehr viele Parallelen zwischen ihrem Chrysolith und dem heutigen Olivin/Peridot. Ähnlich wie beim Hyazinth sind außerdem auch hier die Olivin-Fundstellen in der nahen Eifel eine gute Chance, daß Hildegard diesen Stein kannte. Auch böhmischer Peridot war, ähnlich wie der böhmische Granat (siehe *Karfunkel*), im Mittelalter als Chrysolith weit verbreitet. Daher liegt auch bei Hildegard die Identität Chrysolith-Peridot nahe.

Olivin entsteht aus basischem Magma tief im Erdinneren, wo er ganze Gesteine bildet (Dunite, Peridotite). Bei Vulkanausbrüchen wird er oft als Gesteinsbruchstück aus der Tiefe mitgerissen und findet sich dann als sog. Olivin-Bombe in das graue bis schwarze Lavagestein eingebettet. Diese Stücke sind körniger Natur und zu porös und brüchig, um geschliffen zu werden. Selten nur bildet er große, schleifbare rhombische Kristalle. Zur Unterscheidung wird der poröse Stein Olivin, der schleifbare Kristall dagegen Peridot genannt. Der Name Chrysolith stirbt derzeit aus.

Olivin/Peridot ist ein Magnesium-Eisen-Silikat und zählt zu den kompakten Insel-Silikaten, deren Kristallgitter sich aus einzelnen Silikatmolekülen aufbaut. Aufgrund seiner unmittelbaren Entstehung aus dem mineralstoffreichen Magma enthält er eine enorme Menge an Fremdstoffen. Verantwortlich für seine grüne Farbe ist vor allem Nickel, eventuell auch Chrom.

68 | *Der Chrysolith (Olivin, Peridot)*

Steinheilkunde

Als magmatisches Mineral fördert Peridot Initiative, Tatkraft und Lernvermögen. Diese Erkenntnis der modernen Steinheilkunde findet sich in Hildegards allegorischer Darstellung der schnelleren Entwicklung eines jungen Tiers und der Aussage, der Chrysolith festige das Wissen des Menschen.

Im mittelalterlichen Verständnis entstehen Ablenkung, Zerstreuung und Verwirrung durch die Einwirkung von Luftgeistern. Wenn Hildegard also von deren Zurückschrecken spricht, bedeutet dies, daß Peridot uns zu mehr Tiefe und innerer Ordnung im Leben verhilft. Als rhombisches Mineral unterstützt er uns darin, selbstbestimmt zu denken, zu handeln und alles Erleben gründlich zu reflektieren. In anderen Worten ausgedrückt also, das eigene Leben zu leben und Weisheit aus der Fülle der Lebenserfahrungen zu erwerben.

Durch das enthaltene Nickel und Chrom leitet Peridot sofortige Entgiftungsreaktionen im Körper ein. Er beschleunigt so Heilungsprozesse und vertreibt die Empfindung von »müde, matt, abgeschlagen« bei Infektionen.

Wie Hildegard schreibt, hilft Peridot daher bei inneren Erkrankungen im Herzbereich und Bauch, vor allem bei Leber- und Gallenleiden. Er ist schmerzlindernd und hilft bei Fieber, wobei er hier zunächst einen kräftigen, aber notwendigen Fieberschub auslösen kann. Sogar gegen Schmarotzer, wie z. B. Warzen, kann man ihn einsetzen.

Interessanterweise geht Hildegard von Bingen beim Chrysolith auch auf die seelischen Herzschmerzen ein. Tatsächlich hilft Peridot, Trauer loszulassen und aufgestauten Ärger und Wut zu entladen. Vor allem Belastungen durch Selbstvorwürfe und Schuldgefühle löst er schnell auf. Das Befreiungsgefühl, das er auf diese Weise mit sich bringt, beschreibt Hildegard sehr schön als »Reinigung des Herzens«.

Anwendung:

Peridot kann als Kette oder Anhänger direkt auf der Haut getragen oder auf die Leber bzw. schmerzende Körperstellen aufgelegt werden. Größere Schmuckstücke, selbst Handschmeichler gibt es nicht, da die Kristalle oder schleifbaren Stücke des Peridots in der Regel nur wenige Zentimeter groß werden. Peridot wirkt sehr schnell und mitunter heftig, daher empfiehlt es sich, den Stein nur ein- bis zwei Stunden täglich zu tragen, außer natürlich in akuten Fällen.

Der Chrysolith (Olivin, Peridot)

HILDEGARD VON BINGEN: Der *Jaspis* wächst, wenn die Sonne sich nach der neunten Stunde des Tages bereits zum Untergang neigt. Er wird vom Feuer der Sonne genährt, hat jedoch mehr (Eigenschaften) von der Luft als vom Wasser und Feuer. Er besitzt eine gemischte Natur, weil der Schein der Sonne sich durch die Wolken häufig verändert, wenn sie sich nach der neunten Stunde des Tages zum Niedergang neigt.

Ein Mensch, der am Ohr taub ist, halte den *Jaspis* vor den Mund und hauche ihn mit warmem Atem an, bis der Stein warm und feucht ist. Dann stecke er ihn schnell in das Ohr, lege feines Werg (Watte oder Tuch) über den Stein und bedecke so das Ohr, damit die Wärme des Steins in das Ohr übergeht. So, wie dieser Stein aus verschiedenartiger Luft entsteht, so löst er auch die verschiedenen Krankheiten der Säfte. Auf diese Weise wird jener Mensch sein Gehör wiedererlangen.

Wer starken, krustigen Schnupfen hat, halte den *Jaspis* vor den Mund und hauche ihn mit warmem Atem an, bis der Stein warm und feucht ist. Dann stecke er ihn in die Nasenlöcher und halte die Nase mit der Hand zu, damit seine Wärme in den Kopf übergeht und die Säfte des Kopfes um so schneller und leichter wieder dünnflüssig werden. Auf diese Weise wird es ihm besser gehen.

Wer am Herzen oder in den Lenden oder in irgendeinem anderen Körperteil unter einem Durcheinander der Säfte, der Gicht, zu leiden hat, der lege den *Jaspis* auf die betreffende Stelle und drücke ihn, bis er warm wird. So wird die Gicht verschwinden, weil die wohltuende Wärme und Kraft des Steines zu kalte und zu warme Säfte heilt und besänftigt.

Wenn Blitz und Donner im Traum erscheinen, ist es gut, einen *Jaspis* bei sich zu haben, weil die Traumbilder und Trugbilder dann fernbleiben und Ruhe geben. Denn Blitz und Donner entstanden beim Sturz des ersten Engels und dem Gericht Gottes. Mit Blitz und Donner werden üble Geister ausgesandt, den Menschen zu versuchen, so Gott sie gewähren läßt. Doch von einem jeglichen Ort, an dem sich ein *Jaspis* findet, halten sie sich fern aufgrund der

Erhabenheit und Reinheit dieses Steins, weil er von reiner Luft gebildet ist. Gleich zu gleich gesellt sich gern und scheucht sein Gegenteil, so flieht das Unreine das Reine und die üblen Geister ertragen nicht die Reinheit des *Jaspis*.

Wenn ein Mensch im Geiste um etwas ringt oder sich Gedanken fassen will zu dem, wohin es ihn mit Eifer zieht, wenn er Großes im Sinn hat oder einen Rat braucht, so nehme er einen *Jaspis* in den Mund. Dann geht die Kraft des Steines in seinen Verstand über und stärkt den Verstand und zügelt ihn, damit er sich nicht zerstreut und in Ablenkungen verliert und keinen klaren Standpunkt findet, sondern daß er zu wirklichem Nutzen wird. Denn die Natur des *Jaspis* ist standfest und treibt die unsteten Säfte aus, welche den Verstand unbeständig machen. Auf diese Weise erhält der Mensch einen klaren Verstand.

Wenn eine Frau ein Kind gebiert, soll sie vom Beginn der Geburt an und während des Kindsbetts einen *Jaspis* in der Hand halten. So werden die bösen Luftgeister während dieser Zeit weder ihr noch dem Kind schaden können. Denn die Zunge der alten Schlange begehrt den Schweiß des aus dem Schoß der Mutter kommenden Kindes. Aus diesem Grund bedroht sie in dieser Zeit das Kind ebenso wie die Mutter.

Aber auch wenn eine Schlange an irgendeinem Ort ihren Hauch verströmt, so lege dort einen *Jaspis* nieder, und ihr Hauch wird so schwach, daß er nicht mehr schädlich sein kann und diese Schlange aufhören wird, ihren Hauch zu verströmen.

72 | *Der Jaspis (Heliotrop)*

Mineralogie

Der heutige Jaspis ist ein fremdstoffreiches, feinkörniges Quarzmineral verschiedenster Färbung, wobei die Farben Rot, Gelb und Grün überwiegen. In der Antike und im Mittelalter war *Jaspis* dagegen ganz anders definiert. Er wurde als grüner undurchsichtiger bis durchscheinender Stein geschildert, was im heutigen Sinne auf Heliotrop (auch Blutjaspis genannt), Moosachat, Chrysopras oder Nephrit zutreffen kann. Die sehr verworrenen Beschreibungen antiker und mittelalterlicher Autoren lassen die Vermutung zu, daß im Laufe der Zeit tatsächlich alle diese Mineralien gelegentlich als Jaspis bezeichnet wurden.

Um also herauszufinden, welches Mineral Hildegard von Bingen beschreibt, bleibt wiederum nur der Vergleich mit den modernen steinheilkundlichen Erkenntnissen sowie mit der Überlieferung zum Heliotrop, dem einzigen Namen, der seit dem Altertum stets unverändert für dasselbe Mineral verwendet wird. Seit jeher bezeichnet Heliotrop den grünen, feinkörnig-faserigen Quarz mit roten Einsprengseln aus Eisenoxid. Und hier findet sich tatsächlich auch die größte Übereinstimmung mit der Beschreibung des *Jaspis* bei Hildegard von Bingen:

Beginnend beim Namen: Heliotrop als »Sonnwendstein« (griech. »heliou tropai« = »Sonnenwende«) wurde stets jenen Zeiten im Jahr und am Tag zugeordnet, an welchen »die Sonne sich zum Niedergang neigt«, wie Hildegard schreibt, also dem Sommer und dem Nachmittag/Abend. Den Stein in Wasser einzulegen, sollte außerdem dazu führen, daß die Sonne sich mit Wolken verdeckt und Regen aufzieht. Dies erinnert verdächtig an die bei Hildegard geschilderte Entstehungszeit, wenn »der Schein der Sonne sich durch Wolken verändert …« Außerdem belegt diese Überlieferung, daß der Heliotrop im Altertum bereits mit Jaspis identifiziert wurde, denn in Orpheus' Lithika aus dem 4. Jahrhundert wird genau diese magische Wirkung dem grünen Jaspis zugeschrieben: »Wer mit dem glatten, frühlingsfarbenen Jaspis Opfer bringt, erfreut der Götter Herz, und sie werden die dürren Felder mit Wolken tränken.«

Daß nun auch die beschriebenen Heilwirkungen gegen Herzbeschwerden, Schmerzen, Gift (Infektionen) und schlechte Träume miteinander übereinstimmen und modernen Erfahrungen gleichen, wundert dann nicht mehr. Es kann also als sehr wahrscheinlich angenommen werden, daß Hildegard von

Der Jaspis (Heliotrop)

Bingen mit ihrem Jaspis den heutigen Heliotrop oder Blutjaspis angesprochen hat. Die anderen Jaspis-Varietäten beschreibt sie als *Achat*, wie an späterer Stelle noch nachgewiesen wird (siehe dort). Was manche Forscher gegen den normalerweise undurchsichtigen Heliotrop anführen, nämlich die Tatsache, daß der grüne Jaspis auch als durchscheinend geschildert wird, bestätigt die Übereinstimmung erst recht noch: Heliotrop wird nämlich innig verwachsen mit Moosachat und Chalcedon aufgefunden, wodurch er manchmal transparente Stellen enthält.

Dies liegt daran, daß alle drei als trigonale Quarze (Formel: SiO_2) eng miteinander verwandt sind und mitunter gleichzeitig entstehen, wenn durchs Gestein strömende Kieselsäure sich in Gängen, Spalten oder anderen Gesteinshohlräumen sammelt. Blauer Chalcedon (siehe dort) entsteht, wenn die Kieselsäure sehr rein ist und keinerlei Fremdstoffe enthält. Moosachat bildet sich, wenn Eisensilikat-Lösungen in die bereits eingedickte Kieselsäure eindringen, sich jedoch nicht mit ihr vermischen, wie beim Sarder oder Karneol (siehe dort), sondern als grüne Schlieren in der Chalcedon-Matrix erhalten bleiben. Heliotrop schließlich entsteht dann, wenn sehr viel Eisensilikat- und Eisenoxid-Lösungen in die bereits eingedick-

te Kieselsäure eindringen und sich mit ihr vermischen. Es kommt auch hier nicht zu einer feinen Verteilung des Eisens wie bei Sarder oder Karneol, sondern zu einer Durchdringung verschiedener Schichten, so daß nach außen hin ein mehr oder weniger einheitliches Grün entsteht, in dem sich die roten Eisenoxid-Einschlüsse als Punkte abheben. Dadurch bilden sich im Heliotrop winzige Quarz-Kristalle, die sowohl faserig (Chalcedon) als auch feinkörnig (Jaspis) ausgebildet sein können, er ist also das Bindeglied dieser beiden Quarz-Familien (siehe auch *Achat* und Chalcedon).

Da die Kieselsäure beim Eindringen der Eisen-Lösung bereits stark eingedickt ist und eher eine gelartige Beschaffenheit hat, kann die Durchdringung des Eisens je nach Strömung und Eintrittsort sehr verschieden sein: Es bilden sich reine Stellen (Chalcedon), heterogene Bereiche (Moosachat) und gut durchmischte Bereiche (Heliotrop) neben-, in- und durcheinander. Die Kieselsäure ist in diesem Fall meistens nicht magmatischen Ursprungs, sondern stammt aus Regen- und Oberflächenwasser, das im Boden oder aus der Zersetzung organischen Materials Kieselsäure aufnimmt.

Insofern paßt es, wenn Hildegard schreibt, daß die Sonne den Stein zwar

74 | *Der Jaspis (Heliotrop)*

nährt (organisches Material), er ihr jedoch nicht entspringt, wie sie es bei magmatischen Steinen stets darstellt. Im Gegenteil, er entstammt der Luft bei Wolkenbildung (Regen). Auch die »gemischte Natur« paßt zu seiner Beschaffenheit und die Bewegung der Kieselsäure kann man durchaus analog zu sich dräuenden Wolkenbildungen sehen. Zwar besitzt Heliotrop ein wenig Feuer durch das enthaltene Eisen, dieses zeigt sich als Silikat jedoch eher erwärmend als hitzig. Auch Aluminium und Magnesium können anwesend sein, sowie Hydroxid-Ionen, die ihm einen basischen Charakter verleihen.

Steinheilkunde

Die Heilwirkungen des Heliotrop wurzeln alle in der Beeinflussung unserer »Säfte«, wie Hildegard von Bingen es ausdrückt, nämlich in der Veränderung der Körperflüssigkeiten. Nach den Erkenntnissen der modernen Steinheilkunde wirken die verschiedenen Qualitäten des Heliotrops in diesem Bereich harmonisch zusammen: Seine Entstehung aus Kieselsäure-Lösung regt den Fluß und die Tätigkeit der Lymphe an, der basische Charakter entsäuert den Körper und entzieht dadurch vielen Krankheitserregern ihr »Milieu«, das Eisensilikat stärkt das Immunsystem und die Farbe Grün stimuliert die Regenerationskraft sowie die körperliche und geistige Entgiftung. Heliotrop wird daher in der modernen Steinheilkunde bei Infektionskrankheiten, Entzündungen oder Eiterbildungen als Immunstimulans verwendet.

Es hat sich gezeigt, daß Heliotrop vor allem die unspezifische Immunabwehr anregt, jenen ersten Abwehrmechanismus des Körpers, der als schnelle Schutzreaktion in Gang gesetzt wird, sobald sich Krankheitserreger in größerer Menge im Organismus bemerkbar machen. Diese Schutzmaßnahme wird »unspezifisch« genannt, da sie sich ohne Unterscheidung gegen alle Fremdkörper richtet. Nur wenn die erste Abwehr von den Krankheitserregern überwunden wird, wird die spezifische Immunabwehr benötigt, die jeden Krankheitserreger genau unter die Lupe nimmt und dann exakt passende Abwehrzellen bildet. Doch wie immer brauchen diese Spezialisten meist ihre Zeit, so daß wir inzwischen bereits unter den Krankheitssymptomen leiden.

Heliotrop muß daher immer sofort eingesetzt werden, wenn sich der erste An-

Der Jaspis (Heliotrop)

flug von Krankheit bemerkbar macht! Wird er beim ersten Kratzen im Hals, beim ersten Fiebergefühl oder dem ersten Unwohlsein umgehend verwendet, läßt sich die Krankheit über das Stärken der unspezifischen Immunabwehr oft noch abwenden. Aufgrund dieser Wirkung »auf das Durcheinander der zu kalten und zu warmen Säfte«, wie Hildegard es nennt, wird Heliotrop mitunter auch als das »Echinacin unter den Steinen« bezeichnet.

Die bei Hildegard aufgeführten Heilwirkungen bei Mittelohrentzündungen und Folgeschäden (taubes Ohr), starkem, verstocktem Schnupfen oder Gicht, lassen sich alle auf die genannten Grundeigenschaften des Heliotrops zurückführen. Durch seine entsäuernde Wirkung kann Heliotrop tatsächlich auch bei Gicht und rheumatischen Erkrankungen helfen, doch war im Mittelalter der Begriff Gicht viel weiter gefaßt, er bezog sich auf alle Schmerzen der Gliedmaßen und Gelenke, der Wirbelsäule und mitunter, wie hier, auch des Brustraumes und des Herzens. Tatsächlich hat sich der Heliotrop auch als herzstärkender Stein bewährt. Er fördert die Durchblutung des Herzmuskels, gleicht Rhythmusstörungen aus und macht das Herz belastbarer.

Darüber hinaus bewirkt die bereits angesprochene geistige Entgiftung auch eine Veränderung der Träume, vor allem jener seelischen Verarbeitungsprozesse, in denen wir versuchen, noch nicht abgeschlossene Erlebnisse zu ordnen und im Traum zu Ende zu leben. Peinliche, unangenehme, schmerzhafte oder angstbeladene Bilder führen dabei oft zu Alpträumen oder unruhigem Schlaf, gerade bei Streß und Sorgen. Heliotrop hilft hier, Gelassenheit und innere Ruhe zu finden, so daß wir allem, was geschieht, sicher entgegenblicken können und schlechte Träume verschwinden.

Aufgrund des Magnesiumgehalts wirkt Heliotrop tatsächlich auch erleichternd bei Geburten, er hilft Verkrampfungen zu lösen und fördert vor allem auch das Öffnen des Muttermunds. Daher stammt wahrscheinlich Hildegards Empfehlung, den Stein vom Beginn der Geburt an in der Hand zu halten. Daß sie ihn auch in der Folgezeit empfiehlt, hängt mit seiner Immunstärkung und seiner Regenerationskraft zusammen. Infektionen, bei Hildegard »böse Luftgeister« genannt, können so vermieden werden.

Die Förderung des klaren Verstandes ist auf die pragmatische Art trigonaler Mineralien zurückzuführen. Typisch trigonale Problemlösungen sind meistens so einfach, daß sie einem lange Zeit nicht einfallen. Daher ist Hildegards Hinweis auf jene Situationen, in denen wir uns den Kopf zerbrechen und einen Rat brauchen, genau treffend.

Mit dem Abschnitt über den giftigen Hauch der Schlange taten sich viele Forscher der Vergangenheit schwer. Heliotrop als Schlangenabwehr? – Die in den letzten Jahren wieder neu belebte Geomantie (die »Kunst, die Erde zu lesen«) weist hier jedoch einen sehr interessanten Zusammenhang auf: Es wurden die Erdkräfte, die wir heute als Wasseradern, Kraftlinien oder Gitternetze kennen, im Mittelalter nämlich oft als Drachen oder Schlangen bezeichnet. Insofern könnte der »Ort, an dem die Schlange ihren Hauch verströmt«, durchaus eine klassische pathogene (krankheitserzeugende) Störzone sein. Ob Heliotrop jedoch in der Lage ist, solche Störzonen zu neutralisieren, ist dem Autor nicht bekannt. Vielleicht kann dieser Hinweis für tätige Geomanten jedoch ein Anstoß sein, mit dem Heliotrop in dieser Richtung zu experimentieren.

Anwendung:

Dank dem großen Interesse an der Hildegard-Medizin in unserer Zeit gibt es für ihre Heliotrop-Anwendungen bereits die richtigen Artikel. Für die Behandlung der Ohren und der Nase sind sogenannte Heliotrop-Oliven im Handel, schmale rundgeschliffene Zäpfchen aus Heliotrop mit einer kleinen Öse daran, an welcher eine Schnur oder ein Kettchen befestigt wird, um den Stein nach Gebrauch wieder entfernen zu können. Damit lassen sich Hildegards Anweisungen problemlos befolgen.

Bei Herzbeschwerden werden flache, etwa 4 mm starke Heliotrop-Scheiben verwendet, die kalt (Zimmertemperatur) auf den schmerzenden Bereich aufgelegt werden, bis sie sich stark erwärmen. Dann werden sie weggenommen und durch eine neue Scheibe ersetzt. Sobald die erste Scheibe wieder abgekühlt ist, ist sie erneut einsatzfähig. Diese Behandlung wird so lange durchgeführt, bis die Schmerzen deutlich nachlassen. Bei Bedarf kann sie auch mehrmals täglich wiederholt werden. Natürlich ersetzt diese Behandlung gerade bei Herzbeschwerden keine ärztliche Konsultation! Für alle anderen Anwendungen kann Heliotrop als Rohstein oder rundpolierter Stein eingesetzt werden. Bei der Geburtshilfe sollte er groß genug sein, um fest in der Hand zu liegen, zur Klärung des Verstandes kann man den Heliotrop auch als Anhänger, Kette oder Schmuckstein tragen. Bei aufkeimenden Erkältungen oder Infektionen empfiehlt es sich außerdem, ihn sofort im Bereich der Thymusdrüse, also in der Mitte zwischen Herz und Kehle, direkt auf die Haut aufzulegen.

Ist bei Erkältungen und Infektionen der Zeitpunkt schon zu spät und die Krankheit bereits richtig ausgebrochen, können als Folgesteine zum Heliotrop seine nahen Verwandten Moosachat oder Chalcedon verwendet werden. Als erster kommt Moosachat in Betracht, der besonders gut Verwendung findet, um stürmischen und heftigen Krankheitsverläufen ihre »gefährliche Spitze« zu nehmen. Chalcedon (siehe auch dort) wird eher abschließend verwendet, um Rückfälle zu vermeiden.

Der Jaspis (Heliotrop) | **77**

HILDEGARD VON BINGEN: Der Prasem wächst, wenn die Sonne gegen Abend ihre Strahlen von der Erde abzieht und schon der erste Tau fällt. Dann nähert sich die Sonne dem Gestein des eingangs genannten Berges und bringt ihn mächtig zum Glühen, und so wird an dieser Stelle der Prasem aus der Glut der Sonne und der Feuchtigkeit der Luft und des Wassers und der Grünkraft des Taus geboren.

Wer brennendes Fieber hat, wickle einen Prasem in etwas Weizenbrotteig ein und binde den auf diese Weise eingeschlagenen Stein in ein Tuch und lasse ihn drei Tage und Nächte auf seinen Nabel gebunden, so wird das Fieber von ihm weichen.

Wer durch Sturz oder Schlag irgendwo am Körper eine Prellung erlitten hat, nehme altes Schmalz, vermische damit zu gleichen Teilen Salbei und Rainfarn und drücke den Prasem in diese Masse. Alsdann erwärme er alles an der Sonne oder am Feuer und lege es zusammen mit dem Stein noch warm auf die schmerzende Stelle, so wird es ihm besser gehen.

Mineralogie

Der Name Prasem (griech. »prasos« = »Lauch«) bezeichnete in der Antike und im Mittelalter alle (im Gegensatz zu Heliotrop oder Chrysopras) unedleren (lauch-)grünen Quarze. Neben dem lateinischen Namen »Prasius« trug er im Mittelalter auch die Bezeichnung Smaragdmutter, da man ihn tatsächlich als das Muttergestein des Smaragds betrachtete. Als Heilstein war er allerdings nur bei Hildegard von Bingen bekannt, die von ihr erwähnten Wirkungen gegen Fieber und bei Prellungen finden sich sonst nirgendwo. Rein aus der Namensentwicklung ließe sich in die mittelalterliche Definition des Namens Prasem auch noch der dunkelgrüne Chalcedon miteinbeziehen, der früher Prasma genannt wurde, heute Plasma heißt. Dagegen spricht jedoch vehement die Darstellung Hildegards von der Entstehung des Prasem. Wie im folgenden gezeigt wird, deckt sich Hildegards Beschreibung auch hier wieder auffallend mit den modernen Erkenntnissen zur Entstehung des metamor-

Der Prasem | 79

phen Prasem. Wir können also davon ausgehen, daß sie mit Prasem das auch heute so genannte Mineral meint. Mach modernem Verständnis mineralogisch exakt definiert ist Prasem ein trigonaler, kristalliner oder derber Quarz, der durch den massenhaften Einschluß von Strahlstein (Aktinolith) oder ähnlichen Magnesium-Eisensilikaten grün gefärbt ist (Formel: SiO_2/Quarz + $Ca_2(Mg,Fe)_5$ (Si_8O_{22}) $(OH,F)_4$/Aktinolith). Kristalliner Prasem (wie auf dem Foto gezeigt) ist dabei sehr selten. Er entsteht in hydrothermalen Prozessen aus eisenreichen Kieselsäure-Lösungen und ist in größeren Mengen lediglich auf der griechischen Insel Serifos zu finden. Viel häufiger sind derbe Massen ohne äußere Kristallformen, die derzeit überwiegend als rundpolierte Steine oder Schmucksteine im Handel sind. Sie werden meist unter den Handelsnamen »Budstone« oder »Afrikanische Jade« verkauft. Auch Hildegard von Bingens Prasem dürfte in diesem Sinne mit dem heutigen Mineral identisch sein.

Der derbe Prasem entsteht bei der Metamorphose quarz-, calcium-, eisen- und magnesiumreicher Gesteine. Bei dieser Metamorphose, einer Gesteinsumwandlung unter Druck und Hitze, bilden sich feine, nadelige grüne Calcium-Magnesium-Eisensilikate (Aktinolith oder andere), die vom Quarz eingeschlossen werden und diesen grün färben.

Im Gegensatz zum Moosachat oder Heliotrop (siehe dort) bildet sich hier aufgrund des großen Drucks und der größeren Hitze jedoch kein Chalcedon, sondern kompakter, derber Quarz. Genau diese Metamorphose beschreibt Hildegard von Bingen, wenn sie davon spricht, daß das Gestein durch die Hitze der Sonne (des Magmas) geglüht wird. Luft und Wasser symbolisieren dabei den Quarz, die Grüne des Taus den eingeschlossenen Aktinolith.

Steinheilkunde

Als metamorphes Mineral hilft Prasem, bestehende Zustände schnell und leicht umzuwandeln und zu verändern, wenn sie uns unglücklich und unzufrieden machen. Insbesondere wenn ungelöste Konflikte immer wieder zu heftigen emotionalen Reaktionen führen, die uns die Kontrolle unserer Handlungen entreißen, hilft Prasem, Beherrschung und Selbstbestimmung wiederzuerlangen. Er kühlt daher auch hitzige Gemüter und besänftigt cholerische Charaktere,

80 | *Der Prasem*

so daß Auseinandersetzungen ohne Zorn und Wutausbrüche ausgetragen werden können. Seine trigonale Kristallstruktur bringt uns nahe, einfachere Lösungen zu finden als Streit und Krieg. Prasem hilft vor allem auch nachtragenden Menschen, sich wieder zu versöhnen und inneren Frieden zu finden.

Diesen in gewissem Sinne kühlenden Charakter zeigt er auch auf körperlicher Ebene. Er lindert Fieber, alle brennenden Schmerzen, also auch Ausschläge, Entzündungen und Hauterscheinungen bei Infektionskrankheiten. Selbst Insektenstiche oder Strahlenschäden wie Sonnenbrand, Sonnenstich oder Hitzschlag lassen sich mit ihm behandeln.

Hildegard verweist außerdem noch auf seine schmerzstillende und lindernde Wirkung bei Prellungen, so daß man den Prasem generell als Heilstein für die Folgen äußerer Traumata bezeichnen könnte. Tatsächlich ist verblüffend, wie schnell entstehende Beulen wieder verschwinden, wenn man den Stein unmittelbar auf die schmerzende Stelle hält. Die Ursache für diese Wirkungen ist generell sicher in den entgiftenden, leberstärkenden und regenerierenden Eigenschaften des Aktinoliths und ähnlicher Magnesium-Eisen-Silikate zu suchen, die jedoch durch den Quarzanteil und die Farbe Grün noch unterstrichen werden. Da er am besten wirkt, wenn er schnell verwendet wird, gehört Prasem am besten zur Grundausrüstung der Haus- oder Reiseapotheke.

Anwendung:

Daß Prasem der Anweisung Hildegards von Bingen zufolge gegen Fieber und infektiöse Krankheiten auf den Nabel aufgelegt werden soll, liegt im Zusammenhang zwischen dem darunterliegenden Darm und dem Immunsystem begründet. Immerhin befindet sich der größte Teil unserer Lymphknoten, annähernd 5000 an der Zahl, in genau diesem Bereich, so daß Prasem hier seine größte Wirksamkeit entfalten kann.

Auch wenn Sie dem Rezept Hildegards von Bingen nicht folgen, sondern den Stein unmittelbar auf die Haut legen, empfiehlt sich der Bauchbereich. Gegen lokale Beschwerden, wie eben die genannten Prellungen, aber auch bei Sonnenbrand oder Insektenstichen, sollte Prasem direkt auf die betroffene Stelle aufgelegt oder gegebenenfalls daraufgebunden werden. Für beide Anwendungen empfiehlt sich zusätzlich die Einnahme der Edelstein-Essenz, die bei Sonnenbrand auch einer Salbengrundlage zugesetzt werden kann.

Sollte Prasem selbst im akuten Fall nicht vorhanden sein, kann ersatzweise auch der nahe verwandte grüne Aventurin verwendet werden, der in der Wirkung etwas schwächer, aber dennoch sehr ähnlich ist.

Der Prasem | 81

HILDEGARD VON BINGEN: Der Chalcedon wächst, wenn die Sonne am Abend schon fast verschwunden, die Luft jedoch noch etwas warm ist. Daher bezieht er seine Wärme mehr aus der Luft als aus der Sonne und besitzt gute Kräfte.

Wenn ein Mensch diesen Stein mit sich führt, dann trage er ihn so, daß er die Haut berührt und möglichst auf einer Ader des Körpers liegt. Auf diese Weise nehmen die Ader und das Blut die Wärme und Kraft des Steins auf, und geben diese Kräfte an die anderen Adern und das Blut weiter.

Von daher wendet dieser Stein Krankheiten von Menschen ab und verleiht ihm einen beharrlichen Sinn gegen den Jähzorn, so daß er sich in seinem Verhalten so beherrschen kann, daß sich niemand finden wird, den er ungerechterweise verletzen würde, auch wenn jener ihm Anlaß zu gerechtem Zorn gegeben hätte.

Wer sich Festigkeit und Beherztheit wünscht, um eine Rede zu halten, und wer das, was er sagen will, geschickt vortragen möchte, der halte einen Chalcedon in seiner Hand und erwärme ihn mit seinem Atem, so daß er davon feucht wird. Dann lecke er mit seiner Zunge an ihm, so wird er mit größerer Sicherheit zu den Menschen sprechen können.

Mineralogie

Von der Antike bis zum frühen Mittelalter wurden mit dem Chalcedon stets rote Steine bezeichnet, mit einem etwas dunklen, glitzernden oder einem fahlen, bleichen Aussehen. Diese Chalcedone haben mit dem heutigen Mineral nichts zu tun. Im 12. und 13. Jahrhundert jedoch entstand ein Bedeutungswandel, der erstmals im »Liber mineralium« von

Albertus Magnus festgehalten wurde. Dessen Beschreibung deutet schon unverkennbar auf den heutigen Chalcedon als einen blaugrauen, trüben Quarz hin.

Leider ist Hildegards Beschreibung zu spärlich, um genau nachvollziehen zu können, um welchen Chalcedon es sich bei ihr nun handelt. Von den beschrie-

Der Chalcedon

benen Heilwirkungen her deutet jedoch alles auf den heutigen Chalcedon hin, und auch der Bedeutungswandel, der gerade zu ihrer Zeit stattgefunden hat, bekräftigt diese Vermutung.

Chalcedon entsteht aus relativ kühlen, wäßrigen Kieselsäure-Lösungen bei Temperaturen unter 100 °C. Die Kieselsäure kann dabei magmatischen Ursprungs, durch Verwitterung freigesetzt oder durch den Verfall organischen Materials gebildet sein. Diese relativ kühle Entstehung wird von Hildegard sehr schön in das Bild der beinahe untergegangenen Sonne gefaßt, wenn die Luft nur noch ein wenig warm ist. So ist die Entstehung des Chalcedons auch mehr ein allmähliches Austrocknen als ein Abkühlen der Kieselsäure.

Chalcedon findet sich als hellblauer, grauer oder weißer Quarz (Formel: SiO_2) in Gängen und Hohlräumen des Gesteins. Wenn er in Gängen aus fließender Kieselsäure entsteht, besitzt er in der Regel eine gebänderte Zeichnung, in Gesteinshohlräumen aus stehender Kieselsäure gebildet, wird er dagegen gleichmäßig durchscheinend ohne Bänderung.

Aufgrund der niedrigen Temperatur und des (im geologischen Sinne) relativ schnellen Kristallisationsvorgangs bildet Chalcedon nur winzige, mit dem bloßen Auge nicht erkennbare trigonale Quarzkristalle. Unter dem Mikroskop kann man sehen, daß diese Kristalle die Form feiner Fasern haben, an denen das durchfallende Licht gebrochen wird.

Dieser Brechungseffekt, nach seinem Entdecker, dem irischen Physiker John Tyndall, auch Tyndall-Effekt genannt, verursacht die blaue Färbung des Chalcedons. Der rote Anteil des Lichts wird dabei nämlich absorbiert, der blaue reflektiert, so daß der Chalcedon seine Farbe also nicht durch bestimmte Mineralstoffe erhält, sondern genauso wie der blaue Himmel gerade durch seine Reinheit.

Steinheilkunde

Durch seine Entstehung aus durchs Gestein fließender Kieselsäure regt Chalcedon die Bewegung und Aktivität der Körperflüssigkeiten an. Er stimuliert den Fluß und die Aktivität der Lymphe und des Immunsystems. Aufgrund dieses Zusammenhangs mit den Körperflüssigkeiten empfiehlt Hildegard ja auch, den Stein auf eine Ader des Körpers aufzulegen. Die dadurch erzielte Wirkung faßt sie jedoch sehr kurz mit den Worten zusammen, daß der Chalcedon auf diese Weise Krankheiten vom Menschen abwendet. Tatsächlich hat sich Chalcedon in der modernen Steinheilkunde als einer der vielseitigsten Heilsteine offenbart:

So heilt Chalcedon Infektionen und Entzündungen, insbesondere auch Atemwegserkrankungen, wie Erkältungen oder Folgen des Rauchens, und fördert die Regeneration der Schleimhäute. Aus diesem Grund ist er auch sehr gut gegen Krankheitsrückfälle einzusetzen (siehe auch Heliotrop, Hildegards *Jaspis*). Er lindert jegliches Unwohlsein durch Wetterfühligkeit, also durch klimatische Einwirkungen auf unsere Körperflüssigkeiten, sowie luftdruckabhängige Beschwerden der Augen (Glaukom, »grüner Star«), der Ohren und des Gleichgewichtssinns.

Da der Fluß der Lymphe und der Körperflüssigkeiten angeregt wird, werden auch Wassereinlagerungen im Gewebe (Ödeme) abgebaut und die Sekretion innerer Drüsen gefördert. Durch Stimulierung der Insulin-Produktion hilft er sogar in frühen Stadien der Diabetes. Seine kühle Natur macht ihn außerdem Fieber und Blutdruck senkend, und zu guter Letzt erleichtert der klare blaue oder weiße Chalcedon stillenden Müttern aufgrund seiner Entstehungsweise die Milchbildung. Auch Muttermilch entsteht ja in den Zellzwischenräumen der Brust und fließt dann durch feine Kanäle, um sich schließlich in der Brustdrüse zu sammeln.

Unterstützt durch seine hellblaue Farbe und seine kühle Natur besänftigt Chalcedon das Gemüt, macht gelassen und hilft, auch schwierige Zeiten mit innerer Ruhe zu konfrontieren. Auch in aufregenden Situationen glättet er die Wogen und ermöglicht so, ruhig und besonnen zu sprechen. Als Stein der Redner war und ist Chalcedon nicht nur bei Hildegard bekannt, doch in keinem Steinbuch ist diese Wirkung mit schöneren Worten beschrieben als bei Hildegard von Bingen: »Wer sich Festigkeit und Beherztheit wünscht, um eine Rede zu halten, und wer das, was er sagen will, geschickt vortragen möchte, der halte einen Chalcedon in seiner Hand …«

Anwendung:

Wie Hildegard schildert, sollte Chalcedon direkt am Körper getragen oder in der Hand gehalten werden. Damit bietet sich für den Chalcedon auch die Hosentasche als wirkungsvoller Ort an, da man den Stein so unbewußt des öfteren in die Hand nimmt – bevorzugt, wenn man ihn braucht.

Der Chalcedon

HILDEGARD VON BINGEN: Der Chrysopras wächst zu der Stunde, wenn die Sonne nicht mehr zu sehen ist, denn dann bekommen Luft und Wasser zunehmend eine trübe und grünliche Farbe. Deshalb hat dieser Stein eine besondere Kraft bei Nacht, wenn der Mond von der Sonne gestärkt wird, wenn er also bereits halb, aber noch nicht ganz voll ist. Aus diesem Grund besitzt er eine große Kraft und ist von ausgeglichener, gleichmäßiger Wärme, nicht allzu warm, sondern genau im richtigen Maße.

Wenn ein Mensch an irgendeinem Glied von Gicht geplagt wird, so lege er an dieser Stelle einen Chrysopras auf die bloße Haut, und die Gicht wird schwinden.

Wenn jemand gewaltig in Zorn gerät, lege er den Stein so lange auf seine Kehle, bis er warm wird. Dadurch wird er keine zornigen Worte aussprechen können, bis sich sein Zorn gelegt hat.

Wenn sich der Stein an einem Ort befindet, wo ein tödliches Gift ist, so verliert jenes seine Kraft, so daß es kraftlos und schwach wie Wasser, also unwirksam wird. Es verliert seine Hitze völlig und wird auf diese Weise unschädlich.

Ein Mensch, der an der Fallsucht leidet, trage den Chrysopras immer bei sich, so daß der nächtliche Anfall der Fallsucht ihn nicht mehr treffen wird. Die Dämonen der Luft können ihn dann nicht mehr angreifen, so daß er nicht wieder unter Schmerzen Schaum vor dem Mund hat.

Wenn ein Mensch vom Teufel besessen ist, so gieße etwas Wasser über den Stein und sprich: »Ich gieße dich, Wasser, über diesen Stein im Namen jener Kraft, mit der Gott die Sonne samt dem umlaufenden Mond erschuf.« Dann flöße dem Besessenen das Wasser ein, so wie es Dir möglich ist, denn er wird sich wehren, es zu trinken. Das Wasser wird den Teufel den ganzen Tag hindurch quälen und sein Einfluß auf den Besessenen wird schwinden. Er wird seine Macht über den Besessenen nicht mehr so zeigen können wie zuvor. Verfahre so fünf Tage lang. Am fünften Tage aber bereite mit dem über den Stein gegossenen Wasser ein ungesäuertes Brot und gib es ihm zu essen, so wie es Dir möglich ist. Wenn es kein hartnäckiger Dämon ist, wird er von jenem Menschen weichen.

Auf folgende Weise läßt sich feststellen, ob ein Dämon sanftmütig oder hartnäckig ist: Wenn der Mensch gerne lacht oder wenn er die Menschen freundlich und herzlich anblickt, auch wenn er mitunter mit den Zähnen knirscht und griesgrämig wird, dann ist der Dämon sanftmütig. Wenn jener Mensch aber gegen seinen Willen spricht oder stumm bleibt und nicht gerne lacht, und wenn er seine Hände verkrampft und Schaum ausspeit, dann ist der Dämon hartnäckig und bösartig. Zum Austreiben eines solchen bösartigen Dämons nützt der Chrysopras nicht viel, denn der Dämon ist zu bösartig und wild. Trotzdem wird er auch in diesem Menschen schwach und gerät in Bedrängnis, weil die ausgeglichene und gleichmäßige Kraft des Chrysopras die hitzigen Säfte mildert und die Dämonen vor seiner maßhaltenden Natur zurückweichen, da sie sich nur in übermäßiger Hitze wohlfühlen. Der Dämon kann dann auf eine andere Weise ausgetrieben werden, wenn Gott es will.

Mineralogie

Der Name Chrysopras bedeutet »Goldlauch« (griech. »chrysos« = »Gold«, »prason« = »Lauch«). Er wurde in der Antike und im Mittelalter für verschiedene grüne Steine mit goldenem Einschlag verwendet. Der römische Naturforscher Plinius beschreibt zwei Arten des Chrysopras, einmal als Varietät des Berylls, das andere Mal im Anschluß an den Prasem. Die zweite Beschreibung könnte sich also durchaus auf den heutigen Chrysopras beziehen, da dieser als Quarz mit dem Prasem (siehe dort) verwandt ist und eine lichtere, hellere Farbe zeigt. Mitunter, wie im Fall der Varietät »Zitronen-Chrysopras« wird er tatsächlich auch gelbgrün. Welchen Chrysopras Hildegard von Bingen nun beschreibt, läßt sich nicht eindeutig nachweisen, doch deuten sowohl ihre Beschreibung der Heilwirkungen als auch die gesonderte Besprechung des

88 | *Der Chrysopras*

Berylls (siehe dort) auf den heutigen Chrysopras hin.

Chrysopras ist nickelhaltiger Chalcedon (Formel: SiO_2 + Ni), gehört also zur Familie der feinfaserigen trigonalen Quarze (siehe Chalcedon). Wäßrige Nickelsilikateinschlüsse verleihen ihm seine grüne Farbe, die durch Austrocknung etwas verbleichen kann, sich durch feuchte Aufbewahrung jedoch wieder regeneriert. Dieser direkte Bezug zum Wasser ist ja auch bei Hildegard angesprochen, wenn sie bei seiner Entstehung von der trüben grünlichen Farbe der Luft und des Wassers spricht. Tatsächlich entsteht Chrysopras auf Nickelerzlagerstätten, wenn ins Gestein eindringendes Oberflächenwasser Kieselsäure mit sich führt, die sich dann mit dem Nickel verbindet. Die Kieselsäure ist dabei nicht magmatischen Ursprungs, sondern wird durch Zerfalls- und Verwitterungsprozesse aus dem Boden und Gestein freigesetzt. Auch das deutet Hildegard von Bingen an, indem sie auf die untergegangene Sonne verweist, die sonst im Bildungsprozeß immer das Magma repräsentiert. Im Vergleich zu vielen anderen Mineralbildungen entsteht Chrysopras daher unter relativ kühlen Bedingungen, nämlich bei normaler Außentemperatur.

Die Kieselsäure-Lösung verfestigt sich bei der Bildung des Chrysopras bereits im über dem Grundwasser liegenden Bereich der Erzlagerstätte durch Austrocknung (Wasserverlust) zu einem zähfließenden Gel, welches tröpfchenförmige Kieselsäure im stetig schwindenden Wasseranteil enthält. Dieses Gel füllt nun Gänge (Spalten und Risse) und Hohlräume im Gestein aus, wo es durch weitere Austrocknung allmählich erhärtet. Da das Gel dabei schon recht zäh ist, bilden sich charakteristischerweise Bläschen und kleine Hohlräume, die später im verarbeiteten Stein unvermeidbar und eigentlich kein Mangel, sondern ein eben typisches Merkmal des Chrysopras sind.

Aus dem Kieselsäuregel entsteht nun zunächst der amorphe Prasopal, welcher aus Silikatkügelchen, Nickeleinschlüssen und noch immer rund 20% Wasser besteht. Bei weiterer Austrocknung beginnen die Silikatkügelchen jedoch, sich zu verbinden und ein Kristallgitter aus rechteckigen Einheiten zu bilden. So wandelt sich der Prasopal durch fortschreitenden Wasserverlust allmählich in tetragonalen, nickelhaltigen Cristobalit um. Auch dessen Kristallgitter ist jedoch noch nicht stabil, weshalb er sich bei weiterem Wasserverlust erneut umkristallisiert: Aus den rechteckigen Einheiten werden dreieckige Einheiten, es bildet sich der trigonale Chrysopras.

Der Chrysopras | **89**

Diese Umformungsprozesse sind niemals vollständig abgeschlossen! Auch Chrysopras enthält, wie bereits gesagt, noch immer Wasser, dazu geringe Mengen Kieselsäure-Gel, Prasopal und Cristobalit. Ein Zustand, der an das »trübe Wasser« in Hildegards Bild erinnert.

Steinheilkunde

Maßgeblich für die Heilwirkungen des Chrysopras sind aus moderner Sicht seine sekundäre Entstehung aus Kieselsäure-Lösungen, sein Nickel- und Wassergehalt sowie seine intensive grüne Farbe. Aufgrund des Wassergehalts und des Kieselsäure-Ursprungs wirkt er besonders auf die Körperflüssigkeiten, wo er »die Hitze der Säfte lindert«, wie Hildegard schreibt. Damit sind in erster Linie Infektionen gemeint, aber auch das zu hitzige Gemüt, der Zorn. Diese kühlend-lindernde Wirkung ist typisch für Mineralien, die sich bei normaler Außentemperatur durch Verwitterungsprozesse bilden. Im Mittelalter war der Zusammenhang zwischen der Beschaffenheit der Körperflüssigkeiten und unserer Gemütsverfassung wohl bekannt, wie durch unser Wort »Humor« (lat. »humor« = »Feuchtigkeit«) noch belegt ist.

Die grüne Farbe des Chrysopras wirkt in diesem Zusammenhang ausgleichend und beruhigend. Er lindert dadurch nicht nur den Zorn, sondern hilft auch bei seelischen Belastungen, bei Eifersucht, Liebeskummer und in Lebenssituationen, in denen wir Vertrauen und Geborgenheit verloren haben. Chrysopras beendet immer wiederkehrende Alpträume, gerade auch bei Kindern, die nachts völlig verstört erwachen und ihre Umgebung nicht erkennen.

Hier spielt auch der Nickelgehalt eine Rolle. Da Nickel schon in relativ geringer Dosierung für unseren Körper ein Gift darstellt, genügt die Information »Nickel«, die durch den Chrysopras vermittelt wird, bereits, um sofortige Entgiftungsprozesse zu aktivieren. So wird die Ausschwemmung abgelagerter Stoffe aus dem Gewebe begünstigt, die Tätigkeit der Leber aktiviert und die Ausscheidung der Nieren erhöht. Chrysopras gehört mit Achat (Hildegards *Onyx*), Beryll und Peridot (Hildegards *Chrysolith*) zu den stärksten entgiftenden Steinen (siehe auch dort). Hildegard hebt ihn hervor, indem sie von tödlichem Gift spricht. Ich würde allerdings nicht so weit gehen.

Aus diesem Grund hilft Chrysopras auch bei Gicht und rheumatischen Erkrankungen, die nur bei übersäuertem Gewebe entstehen können. Interessant sind auch die Zeitangaben Hildegards: Am Abend nach Sonnenuntergang und bei zunehmendem Mond im zweiten Viertel ist die Kraft des Chrysopras nach ihren Worten besonders groß. Tatsächlich ist zu diesen Zeiten auch die Leber besonders aktiv, wie die Erkenntnisse der chinesischen Medizin bestätigen, die auf einen Beobachtungszeitraum von stolzen 4000 Jahren zurückblickt. Auch der deutsche Volksmund kennt die reinigende und regenerierende Qualität des Abends und empfiehlt daher: »Der Schlaf vor Mitternacht ist der gesündeste!«

Analog mit der physischen geht immer auch eine seelische und eine geistige Entgiftung einher, wie jeder fastenkundige Mensch weiß. Beim Chrysopras zeigt sich die seelische Entgiftung nun in den bereits genannten Phänomenen der Zornentladung und Auflösung von Alpträumen, die geistige Entgiftung in der Fähigkeit, zwanghafte Handlungs-, Denk- und Verhaltensmuster zu verändern. Diese zwanghaften Muster sind bei Hildegard wohl als die Luftdämonen beschrieben. Im mittelalterlichen Verständnis ist ein Dämon ein Quälgeist, und was quält uns tatsächlich mehr als Zwänge, Sucht und Gewohnheiten, die wir gerne ändern würden, aber nicht können? Chrysopras hilft, die verlorene Selbstkontrolle wiederzuerlangen, wenn uns »der Teufel reitet«, und eine positive Einstellung zum Leben zu finden.

Wie der Smaragd ist auch der Chrysopras ein bekannter Heilstein bei Epilepsie (Fallsucht). Interessanterweise grenzt Hildegard hier deutlich die Tageszeiten ab. Smaragd als erster Stein des Tages wird am Morgen verwendet, Chrysopras als erster Stein der Nacht wird verwendet, wenn die Anfälle vorwiegend nachts auftreten. Tatsächlich gibt es auch Erscheinungsformen der Epilepsie, bei der die Anfälle beim Einschlafen kommen, und offensichtlich ist Chrysopras hier der Stein der ersten Wahl.

Anwendung:

Chrysopras wirkt am besten bei direktem Hautkontakt. Er kann daher als Anhänger, Kette, Schmuckstein oder einfach in der Hosentasche getragen werden, wo man ihn ebenfalls des öfteren in die Hand nimmt. Da er gerade auch bei nächtlichen Beschwerden hilft, sollte er auch während des Schlafs getragen, aufgelegt oder auch mit Pflaster aufgeklebt werden. Hier bietet sich der rechte Oberbauch, also der Bereich der Leber, als bevorzugte Stelle an.

HILDEGARD VON BINGEN: Der Karfunkel wächst bei Mondfinsternis und ist dennoch warm. Ihn nährt der Mond während der Verfinsterung. Denn wenn großer Verdruß herrscht, verschwindet der Mond mitunter, um auf das Geheiß Gottes eine Hungersnot, Pestilenz oder politische Wirren anzukündigen.

Zu dieser Zeit läßt die Sonne alle ihre Kräfte in das Firmament einsinken und wärmt den Mond mit ihrer Glut. Sie facht ihn mit ihrem Feuer wieder an, richtet ihn auf und bringt ihn erneut zum Leuchten. Sie legt ihre Zunge in seinen Mund, um ihn vom Tode wiederzuerwecken. Zu dieser Zeit nun wird der Karfunkel geboren. Daher hat er seinen Glanz vom Feuer der Sonne beim Aufsteigen des Mondes, und von daher kommt es, daß er mehr in der Nacht als am Tage leuchtet. So wächst er, bis die Glut der Sonne ihn gebiert. Weil eine Mondfinsternis selten ist, ist auch dieser Stein selten und von seltener Kraft. Man sollte ihr mit Respekt begegnen, und die Kraft des Karfunkels nur mit Vorsicht und Sorgfalt zur Anwendung bringen.

Denn wenn akutes Fieber, Schüttelfrost, eine andere Krankheit, die Gicht oder sonst irgendeine Schwäche den Menschen befällt, die auf der Veränderung seiner Säfte beruht, dann lege einen Karfunkel gegen Mitternacht, wenn er besonders wirksam ist, auf den Nabel des Kranken. Laß ihn jedoch nur so lange auf dem Nabel verweilen, bis sich jener Mensch ein wenig von ihm durchwärmt fühlt. Daraufhin nimm ihn sogleich weg, weil seine Kraft den Menschen und alle seine Eingeweide bereits mehr durchdrungen hat, als irgendein Heilmittel aus irgendwelchen Salben es vollbringen könnte. Sobald der Kranke auch nur eine kleine Bewegung in seinem Körper spürt, nimm den Karfunkel sofort von ihm weg. Denn wenn der Stein länger auf seinem Nabel verweilt, wird seine Kraft den ganzen Körper durchdringen und austrocknen. So hält der Stein alle ansteckenden Krankheiten vom Menschen fern.

Wenn jemand Kopfschmerzen hat, lege er den Karfunkel für einige Zeit auf seinen Scheitel, und zwar genau so lange, bis seine Kopfhaut an dieser Stelle warm wird. Dann nehme er ihn sofort weg, denn die Kraft des Steins durchdringt seinen Kopf schneller und stärker, als es die kostbarste Salbe oder Balsam könnte. Auf diese Weise wird es seinem Kopf bessergehen.

Wenn man den Stein auf Kleider oder andere Dinge legt, werden sie lange haltbar und dauerhaft. Überall, wo sich ein Karfunkel befindet, können die Luftdämonen ihr Teufelswerk nicht vollführen, weil sie ihn meiden und vor ihm weichen.

Mineralogie

Der Name Karfunkel stammt von lat. »carbunculus« = »kleine Kohle«. Er bezieht sich auf die glutrote Farbe des Steins. Doch schon bei Plinius im 1. Jhd. n. Chr. ist klar, daß dieser Name ein Sammelbegriff für verschiedene Edelsteine ist. Plinius unterscheidet daher verschiedene Arten (Carbunculus Indicus, Carbunculus Carchedonius, Carbunculus Alabandicus, etc.), gesteht jedoch ein, daß »nichts schwerer ist, als diese Arten zu unterscheiden.« Im Mittelalter definierte man den Karfunkel schließlich als einen roten Stein mit der besonderen Fähigkeit, im Dunkeln zu leuchten. Letzteres stimmt auch mit Hildegard von Bingen überein, die in ihm einen »mehr in der Nacht als am Tage leuchtenden« und »gegen Mitternacht« besonders wirksamen Stein sieht. Bei Albertus Magnus taucht um 1250 dann erstmals das Synonym »Rubinus« zum Carbunculus auf, was viele For-

scher dazu verführte, ausschließlich den heutigen Rubin mit dem Karfunkel gleichzusetzen. Doch der Name Rubin ist zu dieser Zeit noch nicht im heutigen Sinne definiert, sondern bezeichnet ganz allgemein rote Edelsteine (lat. »rubeus« = »rot«). Aus diesem Grund sind selbst berühmte Rubine in Wirklichkeit oftmals Granat oder Spinell. Berühmtestes Beispiel ist der »Rubin des Schwarzen Prinzen« im englischen Kronschatz, welcher sich nach mineralogischer Prüfung als Spinell erwies.

Granat, Rubin und Spinell – alle drei Mineralien wurden nach heutigem Kenntnisstand bis zum 17. Jhd. als Karfunkel bezeichnet. Erst dann erfolgte zunächst die Festlegung auf den Rubin, bevor der Name Karfunkel im 18. Jhd. schließlich ganz abgeschafft wurde, um sich von der mythologischen Überlieferung seiner Leuchtkraft im Dunkeln zu distanzieren. Doch welches Mineral hat nun

94 | *Der Karfunkel (Granat)*

Hildegard von Bingen mit dem Namen Karfunkel belegt? Die Namensentwicklung führt uns hier nicht weiter!

Auch Hildegards Beschreibung der Entstehung des Karfunkels ist leider keine Hilfe. Der Karfunkel entsteht nach ihrer Aussage bei Mondfinsternis, einem Zustand besonderer Spannung, der nur dann zustande kommt, wenn Sonne, Erde und Mond in einer exakten Linie stehen, nur bei Vollmond also. Dabei sind die Anziehungskräfte von Sonne und Mond genau entgegengerichtet, was sich in extremen Zugkräften auf der Erdoberfläche äußert. Besondere Springfluten sind so die Folge, ebenso emotionale Ausbrüche und unüberlegte Handlungen bei Menschen, jener »große Verdruß«, von dem Hildegard schreibt (vgl. auch engl. »lunacy« = »Wahnsinn«, lat. »luna« = »Mond«), sowie schließlich sogar Bewegungen der Erdkruste selbst. Bewegungen der Erdkruste führen jedoch zu verstärktem Vulkanismus und zu Metamorphosen, Gestaltwandlungen der Gesteine. Nicht in einer einzigen Nacht natürlich, sondern durch vielfache Wiederholung; dennoch ist in der Geologie der Einfluß des Mondes auf diese Vorgänge längst bekannt. Immerhin ist seine Anziehungskraft stark genug, ganze Kontinente um einen Meter anzuheben, wodurch die Bildung von Rissen und Spalten gefördert wird, durch welche Magma aus dem Erdinneren emporsteigen kann. Und auch ein Einfluß auf die Kontinentaldrift wird heute nicht mehr ausgeschlossen, welche ja verantwortlich für die Bildung von Gebirgen und das damit verbundene Absinken ganzer Gesteine in die Tiefe des Magmas ist.

Im Umfeld vulkanischer Prozesse oder beim Absinken in die Tiefe geraten Gesteine nun unter großen Druck und große Hitze. Dies ist in Hildegards Worten wiedergegeben als die »Kräfte der Sonne (des Magmas), die ins Firmament (Gestein) einsinken«. Dabei werden alle Strukturen und Verbindungen, die unter diesen Bedingungen keinen Bestand haben, aufgelöst und neu, beständiger, formiert. So werden neue Gesteine und neue Mineralien aus Druck und Hitze geboren.

Laut Hildegards Beschreibung muß der Karfunkel eindeutig ein Mineral metamorpher Entstehung sein. Und das ist er in jedem Fall, denn Granat, Rubin und Spinell können alle durch eine solche Metamorphose gebildet sein!

Beachtet man als weiteres Indiz schließlich noch den Handel zu Hildegards Zeit, bekommt der Granat allerdings einen kleinen Vorzug vor seinen beiden »Konkurrenten«, denn viele Granate aus Böhmen waren gerade im 12. Jhd. als Karfunkel im Handel. Doch 100%ige

Der Karfunkel (Granat) | **95**

Sicherheit finden wir auch dadurch nicht. So bleibt als letztes Kriterium nur der vorgezogene Blick auf Hildegards Beschreibung der Heilwirkungen.

Und hier findet sich gleich im ersten Satz ein wichtiger Hinweis: »...wenn irgendeine Schwäche (...) auf der Veränderung seiner Säfte beruht...« Hildegards Karfunkel muß also eine ausgesprochene Heilwirkung für die Körperflüssigkeiten zeigen. Und da nun scheiden sich die Geister:

Rubin und Spinell zählen beide zur Mineralklasse der Oxide, sind also Abkömmlinge des Sauerstoffs. Da Sauerstoff jenes Element ist, das alle Verbrennungsvorgänge unterhält, zeichnen sich auch Oxide besonders durch eine energetische Wirkung auf den Organismus aus: Sie regen die Zellatmung, den Energiefluß der Meridiane und die Reizleitung der Nerven an, wirken fiebertreibend und kreislaufanregend, zeigen jedoch in der Regel einen geringen Einfluß auf die qualitative Zusammensetzung der Körperflüssigkeiten, auf Hildegards »Säfte«.

Ganz anders dagegen der Granat: Als mineralstoffreiches Insel-Silikat regt er gerade die Körperflüssigkeiten und das Immunsystem an. Er verbessert die Blutqualität, die Widerstandskraft und die Regenerationsfähigkeit des Körpers. Moderne Erkenntnisse der Steinheilkunde weisen speziell ihn als *den* Heilstein aus, der »die Zusammensetzung unserer Körperflüssigkeiten harmonisiert«. – Damit entscheidet ein wichtiges Indiz die schwere Wahl für den Granat.

Granat ist ein kubisches Insel-Silikat meist metamorpher Entstehung. Er enthält typischerweise immer zwei metallische Mineralstoffe im Verhältnis $3:2$, die in der Regel auch die Farbe verursachen. Da sich Hildegards Text ausschließlich auf rote Granate bezieht, kommen in erster Linie die Varietäten Almandin (ein Eisen-Aluminium-Granat) und Pyrop (Magnesium-Aluminium-Granat) in Betracht. Almandin ist eher braun, rotbraun bis rot, Pyrop dagegen rot bis rotviolett. Die zur Zeit Hildegards weitverbreiteten »Böhmischen Granate« waren meistens Pyrop.

Steinheilkunde

Als metamorphes Mineral hilft Granat in allen Krisensituationen, wenn wir durch persönliche Schicksalsschläge oder gesellschaftliche Zusammenbrüche schwierige Lebensphasen durchstehen müssen. Darauf spielt wohl Hildegards

Einleitung an, wenn sie von Hungersnot, Pestilenz und politischen Wirren spricht. Tatsächlich war Granat auch immer in Krisenzeiten in Mode, in unserem Jahrhundert z. B. sowohl nach dem Ersten als auch nach dem Zweiten Weltkrieg.

In solchen Extremsituationen fördert Granat Vertrauen, Hoffnung und Willensstärke und gibt die Kraft, Schwierigkeiten und Widerstände zu überwinden. Indem er uns hilft, den Lebensmut niemals sinken zu lassen, legt er den Grundstein zur Überwindung der Krise und zur Heilung unserer Krankheiten.

Auf diese Weise stärkt Granat die Regenerationskraft des Körpers. Er regt den Stoffwechsel an, fördert die Nährstoffaufnahme im Darm und stabilisiert den Kreislauf. Viele Krankheitserreger benötigen ein einseitig saures oder basisches Milieu, um sich entwickeln zu können. Indem Granat die Zusammensetzung unserer Körperflüssigkeiten harmonisiert, entzieht er ihnen quasi ihre Lebensgrundlage. Daher hilft er auch, wie Hildegard schreibt, bei rheumatischen Erkrankungen und Gicht (Ursache: Übersäuerung) und stärkt das Immunsystem gegen Infektionen.

Besonders wertvoll ist Granat, wenn Erkrankungen mit einer großen Schwäche einhergehen. Als Stein des Aufbaus hilft er, neue Kraft und Vitalität zu entwickeln. Hildegards Anweisung gegen Kopfschmerzen bezieht sich daher auf typische Schmerzen infolge von Schwächezuständen oder niedrigem Blutdruck. Tatsächlich sollte Granat hier auch nur so lange verwendet werden, bis der Schmerz verschwunden ist. Bei längerer Anwendung kehrt dieser sonst als Hochdruck-Kopfschmerz wieder.

Anwendung:

Wie Hildegard von Bingen hervorhebt, sollte Granat im akuten Fall immer nur so lange eingesetzt werden, bis eine deutliche Besserung zu spüren ist. Ihre Zeitangabe »gegen Mitternacht (hin)«, also am Abend vor Mitternacht, stimmt interessanterweise mit jenem Zeitraum überein, in dem die Meridiane »Kreislauf Sexualität« und »Dreifacher Erwärmer« besonders aktiv sind (19.00 bis 23.00 Uhr). Diese Energiebahnen sind für die Stoffwechsel-, Energie- und Wärmeregulierung des Körpers zuständig, was genau den Wirkungen des Granat entspricht. Der von Hildegard empfohlene Auflageort »Nabel« wiederum zielt auf die Beeinflussung der Nährstoffaufnahme und des Immunsystems im Dünndarm hin (Zu letzterem siehe auch Prasem).

Insofern ist Hildegards detaillierten Anweisungen nur hinzuzufügen, daß Granat zur Überwindung seelischer Krisen ohne weiteres auch längere Zeit, selbst monatelang, direkt am Körper getragen werden kann. Eben bis auch hier eine Verbesserung der Situation eintritt. Und dann gerät er erfahrungsgemäß ja auch schnell außer Mode.

Der Karfunkel (Granat)

*H*ILDEGARD VON *B*INGEN: Der Amethyst wächst, wenn die Sonne einen Hof hat, so als ob sie eine Krone trüge. Das geschieht, wenn eine Änderung am Kleid des Herrn, also in der Kirche, bevorsteht. Er entsteht in großen Mengen, da er wie der Flinz (Eisenspat) viele Auswüchse bildet. Aus diesem Grund gibt es viele Amethyste. Er ist warm, feuerartig und ein bißchen luftig, weil zu der Zeit, wenn die Sonne den bereits genannten Hof hat, die Luft ziemlich lau ist.

Wenn ein Mensch Flecken in seinem Gesicht hat, befeuchte er einen Amethyst mit seinem Speichel und bestreiche mit dem so angefeuchteten Stein die Flecken. Außerdem erhitze er Wasser am Feuer und halte den Stein über das Wasser, so daß der Schweiß des Steins sich mit dem Wasser vermischt. Danach lege er ihn selbst ins Wasser und wasche sich mit dem Wasser das Gesicht. Auf diese Weise verfahre er oft, so wird seine Haut zart und seine Gesichtsfarbe schön.

Wenn ein Mensch irgendwo an seinem Körper eine frische Schwellung hat, so befeuchte er den Stein mit seinem Speichel und berühre mit dem angefeuchteten Stein die geschwollene Stelle. Schon bald wird die Schwellung zurückgehen und verschwinden.

Wenn eine Spinne einen Menschen am Körper gebissen hat, so streiche er mit dem Stein über die Bißstelle, und er wird geheilt werden. Auch Schlangen, Vipern und Nattern, fliehen diesen Stein und meiden den Ort, an dem sie ihn wissen.

Wenn ein Mensch viele Läuse hat, so lege er einen Amethyst für fünf Tage in kaltes Wasser, nehme ihn anschließend heraus, erhitze das Wasser am Feuer und halte den Stein darüber, so daß der Schweiß des Steins sich mit dem Wasser vermischt. Danach lege er den Stein für eine Stunde in dieses Wasser und nehme ihn anschließend wieder heraus. Mit diesem Wasser bereite er ein Dampfbad, wo er sich von dem Wasser, in dem der Amethyst gelegen hat, durchfeuchten lasse. Auf diese Weise wird ihn die Kraft des Steins in vier bis fünf Wochen von den Läusen heilen. Sollte er wieder

Läuse in sich oder an sich bemerken, wiederhole er das Ganze, so werden sie verschwinden. Denn Läuse gedeihen im kranken Fett und im kranken Schweiß, weshalb dieser Stein, der keinen kranken Schweiß in sich hat, in das Wasser gelegt werden muß, damit das Wasser durch seine Kraft und Wärme wirksam wird.

Mineralogie

Der Name Amethyst stammt von griech. »amethyein« = »vor Trunkenheit bewahren«. Diese ernüchternde Wirkung des Steins ist seit der Antike bekannt. Und glücklicherweise bezieht sich auch der Name Amethyst seit jeher stets auf dasselbe Mineral, nämlich den violetten Quarz (Formel: SiO_2).

Amethyst entsteht aus magmatischen Kieselsäure-Lösungen, die in einiger Entfernung vom ursprünglichen Magmaherd bereits auf Temperaturen unter 250 °C abgekühlt sind. Daher stammt Hildegards Hinweis auf den »Hof der Sonne«, die Umgebung des Magmas, und die »ziemlich laue Luft«, die abgekühlte Temperatur.

Amethyst findet sich meistens in Blasenhohlräumen vulkanischer Gesteine. Gasblasen, die der zähflüssigen Lava nicht entrinnen konnten, bilden im verfestigten Gestein Hohlräume, in denen sich die Kieselsäure sammelt, um auszukristallisieren. Das beim Amethyst dabei in Spuren einge-lagerte Eisen wird jedoch durch die natürliche radioaktive Strahlung des vulkanischen Gesteins in eine besondere Oxidationsstufe überführt, welche dem Amethyst seine violette Farbe gibt. Hildegards Aussage, der Amethyst sei »warm und feuerartig«, bezieht sich daher auf das Eisen, »ein bißchen luftig« wird er wohl, da es nur in Spuren enthalten ist.

Amethyst bildet in der Regel trigonale Kristallspitzen ohne Prisma, die dicht an dicht auf zahnähnlichen »Wurzeln« sitzen. So entstehen lückenlose Kristallrasen, die den Gesteinshohlraum auskleiden. Hildegard von Bingen nennt sie »Auswüchse« und zieht Vergleiche zum Wachstum des Flinz. Damit bezeichnet sie den Eisenspat (Siderit), nicht den Flint, wie leider oftmals falsch übersetzt wird. »Flinz« war ein Synonym, das für beide Mineralien galt, doch nur Siderit bildet ähnliche Kristallrasen, Flint dagegen regellose, unförmige Knollen.

100 | *Der Amethyst*

Steinheilkunde

Bis heute ziert Amethyst als Stein der spirituellen Entwicklung die Bischofsringe. So wie Diamant stets der Stein der weltlichen Herrscher war, so repräsentierte Amethyst immer die spirituelle Herrschaft. Das deutet auch Hildegard von Bingen kurz an, wenn sie seine Entstehung mit dem »Kleid des Herrn, der Kirche« in Verbindung bringt.

Amethyst hilft, die geistige Realität unseres Seins zu entdecken. Er löst unsere Aufmerksamkeit von den Ablenkungen des Alltags und richtet sie nach innen. Dadurch werden uns im Traum und Wachbewußtsein viele unerledigte Dinge bewußt. Sind diese aufgearbeitet, hilft er uns, alte Verluste, Schmerzen und Verletzungen loszulassen. So finden wir tiefen inneren Frieden und die unserem Selbst innewohnende Weisheit.

Natürlich wird dieser Prozeß durch Meditation und kontemplative Selbstbeobachtung gefördert. Doch gerade wer hier Schwierigkeiten hat, ruhig zu werden und den stetigen inneren Dialog der Gedanken abzustellen, findet im Amethyst einen Helfer.

Körperlich wirkt Amethyst schmerzlindernd und spannungslösend, indem er unser Bewußtsein an jene Stellen führt und so Entspannung und Selbstheilung in Gang setzt. Er hilft bei allen Erkrankungen der Nerven, der Lunge, des Darms und der Haut. Nicht nur die »Flecken im Gesicht«, auch die von Hildegard beschriebenen »Läuse« dürfen wohl als juckende Hauterkrankungen verstanden werden. Darauf weist zumindest ihre Erklärung zum Entstehen der Läuse hin.

Wichtig ist auch Hildegards Hinweis auf Spinnenbisse: Auch Zecken sind Spinnentiere, und tatsächlich konnten mit Amethyst Entzündungen durch Zeckenbisse gelindert werden.

Anwendung:

Für die beschriebenen spirituellen Wirkungen sollte Amethyst über lange Zeiträume (Wochen oder Monate) als Kette oder Anhänger getragen werden, oder als klarer, heller Kristall unter dem Kopfkissen liegen. Für körperliche Anwendungen empfiehlt es sich, Amethyst direkt auf die jeweiligen Körperbereiche aufzulegen oder Hildegards Amethyst-Wasser herzustellen. Dieses Wasser kann, ebenso wie käufliche Amethyst-Essenzen, bei Darmerkrankungen, speziell Durchfall, auch innerlich eingenommen werden.

Der Amethyst

HILDEGARD VON BINGEN: Der *Achat* entsteht aus dem Sand eines Wasserlaufs, der sich von Osten nach Süden erstreckt. Er ist warm und feurig; hat jedoch mehr Kraft von der Luft und dem Wasser als vom Feuer. Denn wenn der Wasserspiegel sinkt, so daß der Sand trockenfällt, dann wird ein Teil des Sandes von der Glut der Sonne und reiner Luft durchdrungen und dadurch zu einem strahlenden Stein. Wenn das Wasser anschließend wieder steigt, spült es den Stein aus dem Sand und trägt ihn in andere Länder.

Wenn eine Spinne oder ein Ungeziefer sein Gift auf einen Menschen verspritzt, ohne daß es in dessen Körper eingedrungen ist, so erwärme er den *Achat* kräftig an der Sonne oder auf einem erhitzten Ziegel und lege den so erwärmten Stein auf die schmerzende Stelle. Auf diese Weise wird der Stein das Gift wegnehmen. Danach erwärme er den Achat noch einmal auf dieselbe Weise und halte ihn über den Dampf von heißem Wasser, so daß sein Schweiß sich mit dem Wasser mischt. Anschließend lege er ihn für eine kurze Stunde in dieses Wasser, tauche ein Leinentuch hinein und betupfe mit dem (heißen) Tuch die Stelle des Körpers, wo sich der Biß der Spinne befindet, oder über die ein anderes Gift verspritzt wurde. Auf diese Weise wird er geheilt werden.

Wenn ein Mensch diesen Stein bei sich trägt, so soll er ihn auf die bloße Haut legen, damit er sich erwärmt. Dann wird die Natur des Steins jenen Menschen tüchtig, verständig und klug in der Rede machen, weil der *Achat* aus Feuer, Luft und Wasser entsteht. Denn wie giftiges Gewächs auf der Haut eines Menschen bisweilen eine Blase oder ein Geschwür entstehen läßt, so können andererseits bestimmte Edelsteine auf der Haut des Menschen ihn durch ihre Kraft gesund und tüchtig machen.

Ein Mensch, der fallsüchtig und mondsüchtig ist, trage immer einen *Achat* auf bloßer Haut bei sich, so wird es ihm bessergehen. Oft werden Menschen mit solchen Krankheiten geboren, oft ziehen sie sich diese jedoch durch zuviel schlechte Säfte und Ansteckung zu. Wer an der Fallsucht leidet, lege zu Vollmond einen *Achat* drei Tage lang in Wasser und nehme ihn am vierten Tag wieder heraus. Sodann erhitze er jenes Wasser ein wenig, ohne daß es siedet. Dieses Wasser bewahre er auf und koche damit alle Speisen in der Zeit des abnehmenden Monds. Er lege auch stets einen *Achat* in alles, was er in dieser Zeit trinkt, ob Wein oder Wasser, und trinke es so. Auf diese Weise verfahre er zehn Monde lang, so er wird geheilt werden, es sei denn, Gott will es nicht.

Wer mondsüchtig ist, lege drei Tage vor der Zeit, zu der die geistige Verwirrung üblicherweise auftritt, einen *Achat* drei Tage lang in Wasser und nehme ihn am vierten Tag wieder heraus. Sodann erhitze er jenes Wasser ein wenig und koche damit alle Speisen, die er in der Zeit seiner Verwirrung verzehrt. Auch lege er den Stein in dieser Zeit in jedes Getränk, bevor er davon trinkt. Auf diese Weise verfahre er fünf Monde lang, so wird er Verstand und Gesundheit wiedererlangen, wenn Gott es nicht verhindert.

Denn wenn das Wasser durch die Kraft dieses Steins erwärmt wurde und der kranke Mensch dadurch zu Kräften kommt, und wenn die Wärme dieses Steins durch wenig erhitztes Wasser geweckt worden ist, das nicht sieden soll, da die Kraft des Steins in ihm durch übermäßige Hitze geschwächt würde, dann soll dieses Wasser allen Speisen jenes Menschen zugesetzt und seine Getränke auf die oben genannte Weise bereitet werden. So wird die Kraft dieser Mischungen und die Macht Gottes die Säfte, die seine Verwirrung verursachen, beruhigen.

Bevor ein Mensch sich in der Nacht zu Bett begibt, trage er den *Achat* offen in Kreuzesform durch sein Haus, einmal der Länge nach und einmal der Breite nach. Diebe werden so ihre Absichten nicht ausführen können und keinen Erfolg haben und beim Stehlen den kürzeren ziehen.

Mineralogie

Der Ursprung des Namens Achat geht auf den ersten bei Theophrast und Plinius beschriebenen Fundort dieses Steins, den Fluß »Achates« in Sizilien zurück, der nicht eindeutig bestimmt werden kann. In der Antike und im

Mittelalter wurden mit diesem Namen jedoch nicht die gebänderten Quarze bezeichnet, die heute diesen Namen tragen! Vielmehr war *Achat* der Sammelbegriff für verschiedene, bunt und bildhaft gezeichnete Steine, auch gewöhnliche Flußkiesel, wie es in Hildegards Entstehungsgeschichte angedeutet ist. Die heutigen Achate trugen in der Antike und im Mittelalter, auch bei Hildegard, den Namen *Onyx* (siehe dort). Erst im 18. Jhd. erhielt der Name Achat seine heutige Bedeutung.

Der Stein, den Hildegard von Bingen mit dem Namen *Achat* belegt, ist der heutige Jaspis (Hildegards *Jaspis* ist der heutige Heliotrop). Um Verwirrungen vorzubeugen, wird daher auch in diesem Kapitel *Kursivschrift* für die mittelalterliche Bedeutung und Normalschrift für die moderne Bedeutung eines Namens verwendet. Jaspis liegt als bunter, feinkörniger Quarz hier nicht nur von der Namensentwicklung her nahe, er entsteht tatsächlich auch genau so, wie Hildegard es beschreibt.

Eine Bildung aus Luft und Wasser steht bei Hildegard stets für einen sog. sekundären Entstehungsprozeß, wenn sich Gesteine und Mineralien aus Verwitterung und späterer Ablagerung bilden. Durch die Verwitterung bestehender Gesteine bilden sich Bruchstücke (Brekzien), Kiesel, Sand und Staub, welche durch Wind (»Luft«) oder Wasser vom Verwitterungsort weggetragen und andernorts wieder abgelagert werden. So bilden sich Sandstein durch angewehten oder angeschwemmten Sand und Ton bzw. Lehm durch angewehten oder angeschwemmten Staub (Schlamm).

Beide Gesteine, Sandstein und Tongestein, sind von ihrer Natur her porös und unterscheiden sich im Prinzip nur in der Größe ihrer Körnchen. Bei Sandstein ist die Körnung eben noch sichtbar, bei Tongestein fast nicht mehr. Gelangt nun durch Regen oder Oberflächenwasser (»Wasserlauf«) Kieselsäure in dieses poröse Gestein hinein, so kann sie darin auskristallisieren und die Körnchen miteinander verkitten. Auf diese Weise bildet sich ein feinkörniger Quarz mit einer Fülle eingelagerter »Fremdstoffe« – eben unser Jaspis.

Hildegard hat also völlig recht, wenn sie beim Jaspis (ihrem *Achat*) von flüssigkeitsdurchdrungenem Sand spricht, der austrocknet und dadurch zu festem Stein wird. Tatsächlich ist Jaspis auch sehr zäh und hart, so daß er bei erneuter Verwitterung beständig bleibt. Daher wird er als Kiesel in Gewässern und an Stränden gefunden.

Das im Quarz eingeschlossene Material verleiht dem Jaspis nun seine charakteristischen Färbungen und Zeichnungen.

Der Achat (Jaspis) | **105**

Noch heute inspiriert dabei das entstehende »Bild« Händler und Sammler zu allerlei Namensschöpfungen wie Bilder-Jaspis (abstrakte grau-beige Zeichnung), Landschafts-Jaspis (sandfarbene Wüstenlandschafts-Zeichnung), Pop-Jaspis (bunt gesprenkelte vielfarbige Zeichnung), Schlangenhaut-Jaspis (rot-weiß gebänderte Zeichnung), Turitella-Jaspis (dunkelbrauner Jaspis mit fossilen Schnekkenhäusern) u. v. m. Alle diese Variationen lassen sich auf drei Grundfarben zurückführen: auf Rot, Gelb und Grün.

Die Farbe Rot entsteht in der Regel durch eingelagerte Eisenoxide (Fe_3O_4), die Farbe Gelb durch Eisenhydroxide (FeOOH) und die Farbe Grün schließlich durch komplexere Eisensilikate. Im mittelalterlichen Verständnis mußte Jaspis *(Achat)* in erster Linie bunt sein, daher können wir davon ausgehen, daß die von Hildegard verwendeten Steine alle drei Eisenverbindungen enthielten. Eine vereinfachte Formel ihres Jaspis' *(Achats)* wäre dementsprechend: SiO_2 + Fe,O,OH,Si: Feinkörniger Quarz mit geringen Mengen von Eisen, Oxid-, Hydroxid- und Silikat-Ionen. Als »feinkörniger Quarz« wird Jaspis aus dem einfachen Grund bezeichnet, da seine trigonalen Quarzkristalle mit bloßem Auge nicht sichtbar sind.

Ein solcher typisch dreifarbiger Jaspis ist der indische Jaspis. Er enthält die Farben Rot, Gelb und Grün und ist mitunter von Chalcedon und Moosachat durchzogen, so daß auch farblose, hellblaue und fliederfarbene Bereiche entstehen. Genau dieser Jaspis wird bereits von Plinius als besonders wertvoller *Achat* gepriesen und eignet sich ausgezeichnet für Hildegards Anweisungen.

Steinheilkunde

Aufgrund seiner trigonalen Struktur und seiner »erdigen« Einschlüsse ist Jaspis ein Heilstein, der uns mit beiden Beinen auf den Boden der Realität stellt. Er fördert einen pragmatischen Verstand, durchaus mit Phantasie, bunt wie er selbst, doch stets auf Sinn, Zweck und praktischen Nutzen ausgerichtet. Jaspis ist ein Stein der Tat. Er regt Willensstärke und Durchhaltevermögen an, so daß es uns gelingt, unsere Ideen in die Tat umzusetzen. Genau das versteht Hildegard von Bingen offensichtlich auch mit der Formulierung »tüchtig, verständig und klug in der Rede«.

Geistige Abgehobenheit ist dem Jaspis fremd, daher bringt ihn Hildegard auch in Verbindung mit Mondsüchtigkeit und

106 | *Der Achat (Jaspis)*

Epilepsie (Fallsucht). Unter »Mondsüchtigkeit« versteht sie dabei alle Erscheinungen innerer Unruhe und geistiger Verwirrung, die bevorzugt bei Vollmond oder Neumond auftreten: Konzentrationsprobleme, Schlafstörungen, erhöhte Unfallneigung ebenso wie Gereiztheit, emotionale Unausgeglichenheit und Streitlust. Daß Vollmond und Neumond solche Phänomene nach sich ziehen, ist kein esoterisches Geheimnis: Unfall- und Verbrechensstatistiken sowie Polizeiprotokolle beweisen diese Tatsache längst.

Die Ursache liegt ganz einfach darin, daß die Sonne-Mond-Konstellation an diesen Tagen zu großen Spannungen auf der Erde führt, die uns, wenn wir nicht »gut geerdet und zentriert« sind, durchaus aus unserer Mitte bringen können. Und genau da setzt der Jaspis an: Er bringt Stabilität, innere Sicherheit und hilft uns, konzentriert und aufmerksam zu bleiben. Aus demselben Grund hilft er wohl auch langfristig bei Epilepsie. Hier ist wichtig,

zu bemerken, daß Hildegard von Bingen nicht vom epileptischen Anfall spricht, für den Smaragd (am Tag) oder Chrysopras (in der Nacht) vorzuziehen wäre. Beim Jaspis geht es ihr offensichtlich um die langfristige Heilung der Krankheit.

Hildegards Anweisung, oberflächliches Gift mit Hilfe eines erwärmten Jaspis' aus der Haut zu ziehen, hilft tatsächlich, wenn man einen rohen Jaspis verwendet. Durch dessen poröse Struktur entsteht beim Abkühlen eine Art Vakuum, das wie eine Zugsalbe wirkt. Zusätzlich verursachen die verschiedenen Eisenverbindungen in ihm immunstärkende (Eisenhydroxid), entgiftende und entzündungshemmende (Eisensilikat) Wirkungen, so daß Gifte in der Haut schnell abgebaut und Schmerzen gelindert werden. Erwärmter roher Jaspis kann daher bei Spinnen- und Ameisenbissen sowie Insektenstichen mit Erfolg eingesetzt werden. Wo jedoch Blutbahnen berührt sind, empfiehlt sich der Amethyst (siehe dort).

Anwendung:

Hildegards Empfehlung, Jaspis stets mit Hautkontakt zu tragen, sollte unbedingt ernst genommen werden. Jaspis ist kein »durchdringender« Stein, seine Wirkung wird durch Kleidung schnell abgeschirmt. Auch ihre auf den Mondzyklus abgestimmten Anweisungen zur Herstellung des Jaspis-Wassers haben sich in der Praxis bewährt. Allerdings zeigen auch käufliche, alkoholische Jaspis-Essenzen hier vergleichbare Wirkungen, wenn sie zu denselben Zeitpunkten eingesetzt werden.

Der Achat (Jaspis)

HILDEGARD VON BINGEN: Der Diamant ist warm. Er wächst auf bestimmten Bergen im Süden, die eine ähnlich schieferige Natur haben, wie jene, von denen die Steinschindeln stammen, mit denen die Häuser gedeckt werden. Sie sind schieferig oder glasartig, wie Kristalle oder bestimmte Gläser, und aus eben jenem Gestein kommt manchmal ein übermächtig starkes Getöse wie von einer Posaune. Weil der Diamant, der dort entsteht, stark und hart ist, wenn auch nicht groß, fällt er ins Wasser wie ein Kiesel, wenn das Gestein des Berges um ihn herum gespalten wird. Und was hernach an derselben Stelle dieses Gesteins entsteht, ist wesentlich schwächer als der Diamant zuvor. Dieser wird durch Hochwasser fortgeschwemmt und in andere Gegenden getragen.

Menschen, die durch ihre Natur und teuflische Einflüsterung zu hämischen, verletzenden Worten neigen, sind oft absichtlich schweigsam, aber wenn sie reden, bekommen sie einen stechenden Blick und geraten manchmal außer sich, als ob sie wahnsinnig wären, jedoch fassen sie sich sehr rasch wieder. Solche Menschen sollten regelmäßig oder ständig einen Diamant im Mund haben. Dessen Kraft ist so stark, daß die Boshaftigkeit und das Übel in ihnen erlischt. Denn der Diamant hat ein starkes, unerbittliches Feuer in sich, das ihm unbezwingbare Härte verleiht. Diese Härte bezwingt die Härte menschlichen Denkens und Sinnens, wenn das heiße Feuer des Steins mit der Wärme des Speichels den Menschen innerlich erwärmt.

Aber auch wer geisteskrank, lügnerisch und jähzornig ist, behalte den Stein immer in seinem Munde, so wird dessen Kraft alle Übel von ihm abwenden. Wer nicht fasten kann, nehme den Stein in seinen Mund, so wird dieser das Hungergefühl vermindern, damit er viel länger fasten kann. Wer an der Gicht erkrankt ist oder einen Schlaganfall hatte, jene Krankheit, die eine Körperhälfte befällt, so daß sich der Mensch nicht mehr bewegen kann, lege den Diamant einen ganzen Tag in Wein oder Wasser und trinke davon. Auf diese Weise wird die Gicht von ihm weichen, auch wenn sie so stark ist, daß seine Glieder zu zerreißen drohen. Und auch die Auswirkung des Schlaganfalls wird gelindert werden. Auch wer die Gelbsucht hat, lege den Stein in Wein oder Wasser und trinke davon, so wird er geheilt.

Der Diamant

Der Diamant ist von solcher Härte, daß ihm keine andere Härte schaden kann. Aus diesem Grund greift er sogar Eisen an und ritzt es. Weil weder Eisen noch Stahl seine Härte ritzen können, macht er den Stahl so hart, wenn er darin eingelegt ist, daß dieser weder einem anderen Eisen oder Stahl nachgibt noch bricht, wenn er diese durchschneidet.

Der Teufel ist diesem kleinen Stein feindlich gesinnt, weil jener der Kraft des Teufels widersteht. Daher ist er dem Teufel bei Tag wie bei Nacht zuwider.

Mineralogie

Die unbezwingbare Härte des Diamanten, von der Hildegard von Bingen spricht, gibt dem Stein seinen Namen (griech. »adamas« = »unbezwingbar«) und ist auch heute noch der Werbeschlager des weltweiten Diamanten-Syndikats: »Ein Diamant ist unvergänglich!« Gerade dieser Eigenschaft ist es jedoch auch zu verdanken, daß er von der Antike bis heute stets eindeutig identifizierbar und daher stets mit demselben Namen benannt ist.

Diamant ist reiner Kohlenstoff in einem regelmäßigen kubischen Kristallgitter, wo jedes einzelne Atom fest mit vier weiteren verbunden ist. Dieser Struktur verdankt er seine Härte (Mohshärte 10) und Klarheit. Da er nur aus einem einzigen Mineralstoff besteht, zählt er zur Mineralklasse der Natürlichen Elemente.

Diamant entsteht metamorph aus Graphit, wenn in tiefsten Gesteinsschichten (Eklogiten und Peridotiten) ein Grenzwert von ca. 2 000 °C Hitze und 40 000 Atmosphärendruck überschritten wird. In diesem Moment wandelt sich das hexagonale Kristallgitter des Graphits blitzschnell in das kubische Gitter des Diamanten um. An die Erdoberfläche gelangt Diamant dann bei Vulkanausbrüchen, wenn die emporsteigende Lava Gesteinsbrocken mitreißt.

Hildegard von Bingen hat dies treffend beschrieben: Ihre Steinschindeln sind tatsächlich metamorph, doch sind Eklogite und Peridotite grobkörniger (»wie Kristalle«) und transparenter (»glasartig«). Das »übermächtige Getöse«, welches »das Gestein spaltet«, ist der Vulkanausbruch, bei dem Diamant an die Erdoberfläche gelangt. Und nur weil er »stark und hart ist«, überlebt er diesen extremen Vorgang. Auch das Vulkangestein, das sich nach dem Ausbruch bil-

110 | *Der Diamant*

det, ist tatsächlich »schwächer« als das Ursprungsgestein des Diamanten. Hildegard nimmt hier eine für die Mineralogie ziemlich neue Tatsache vorweg: Die Gesteine Kimberlit und Lamproit, die beim Vulkanausbruch entstehen, wurden früher als der Entstehungsort des Diamants betrachtet. Erst seit wenigen Jahren ist bekannt, daß sie nur der Rest des »vulkanischen Aufzugs« sind.

Hildegard unterscheidet schon vor 850 Jahren zwischen den Gesteinen, in denen der Diamant entsteht, und jenen, die »hernach kommen«. Auch die Tatsache, daß der Diamant zu ihrer Zeit nur in Flußablagerungen gefunden wurde, war ihr bekannt. Erst seit ca. 100 Jahren sind die diamantführenden Vulkanschlote entdeckt, und erst seit dieser Zeit wird Diamant direkt dort abgebaut!

Steinheilkunde

Als einheitliches, kubisches, metamorphes und besonders hartes Mineral stärkt Diamant Charakter und Selbstüberwindung. Seine Unbezwingbarkeit zeigt sich als geistige Freiheit. Daher spricht Hildegard von den »Einflüsterungen«, die mit Diamant abgewehrt werden. Darunter können wir Umwelteinflüsse verstehen, die uns oft zu Taten bewegen, die nicht unserem Wunsch und Willen entsprechen, ebenso jedoch Geisteskrankheiten, bei denen wir nicht mehr Herr unserer selbst sind, und schlechte Gewohnheiten, die »Härte

menschlichen Denkens und Sinnens«. Diamant heilt Härte mit Härte und hilft uns so, Fehler zu erkennen und ein neues Leben zu beginnen.

Dementsprechend fördert Diamant alle Reinigungs- und Verbrennungsprozesse des Körpers. Er regt Leber und Nervensystem an und hilft durch den Abbau von Ablagerungen in den Gefäßen, Verengungen zu vermeiden oder Folgen (Schlaganfall) zu lindern. Auch die Heilung von Rheuma, Gicht und Leberfunktionsstörungen (Gelbsucht) geht darauf zurück.

Anwendung:

Hildegard empfiehlt, die Heilwirkung des Diamanten über Flüssigkeit zu vermitteln. Da Diamanten teuer und relativ klein sind, können Sie heute auch auf käufliche Diamant-Essenzen zurückgreifen. Für seine seelisch-geistigen Wirkungen sollte Diamant längere Zeit mit Hautkontakt getragen oder in der Meditation auf die Stirn aufgelegt werden.

Der Diamant | 111

HILDEGARD VON BINGEN: Der Magnetstein ist warm und entsteht aus dem Speichel giftiger Schlangen, die in einer bestimmten Art von Sand und in bestimmten Gewässern leben, mehr jedoch im Sand als im Wasser. Es gibt eine giftige Schlange, ähnlich einer Schnecke, die am Wasser oder im Wasser lebt und bisweilen ihren Speichel an einer bestimmten Stelle auf Eisenerz fallen läßt, auf jene Erde, aus der Eisen gewonnen wird. Wenn das eine andere Giftschlange sieht, die auch an diesem Wasser oder in diesem Wasser lebt und sich von jener Erde nährt, aus der Eisen gewonnen wird, so eilt sie begierig zu jenem Speichel und spritzt ihr Gift über den Speichel. Das Gift durchdringt den Speichel mit seiner Kraft, so daß er sich zu einem Stein verhärtet. Von daher hat der Magnetstein die Farbe des Eisens und zieht von Natur aus das Eisen an, weil er sich aus jenem Gift bildet, das mit jener Erde, aus der Eisen gewonnen wird, angereichert wird. Das Wasser, an dem der Stein liegt, mindert und verdünnt dieses Gift durch häufiges Benetzen und Darüberfließen.

Wenn ein Mensch wahnsinnig oder durch Blendwerk verhext ist, so benetze den Magnetstein mit seinem Speichel und bestreiche dann den Scheitel des Wahnsinnigen mit dem feuchten Stein und fahre quer über seine Stirn und sprich: »Du Übel des Wahnsinns, weiche vor jener Kraft, mit der Gott die Macht des vom Himmel stürzenden Teufels zum Wohle des Menschen gewandelt hat!« Daraufhin wird der Kranke wieder Herr seiner Sinne werden. Denn das Feuer dieses Steins ist nützlich und unnütz zugleich, denn das Feuer, das er vom Eisenerz bezieht, ist nützlich, das Feuer aber, das er vom Gift der Schlangen bezieht, ist unnütz. Wenn der Magnetstein durch die heilsame und warme Feuchtigkeit des menschlichen Speichels angeregt wird, bändigt er durch die Worte heiliger Beschwörung die schädlichen Säfte, welche den Verstand des Menschen verwirren.

Mineralogie

Magnetstein, heute »Magnetit« genannt, trägt seinen Namen (griech. »magnetes«, lat. »magnes«) nach einem seiner ersten Fundorte, der thessalischen Landschaft

Der Magnetstein

Magnesia, oder, laut Plinius, nach dem Hirten Magnes, der den Stein auf dem Berg Ida entdeckt haben soll, als seine Schuhnägel und die eiserne Spitze seines Stabs am Erdboden haften blieben. Gerade diese Eigenschaft, Eisen anzuziehen, hat den Magnetit zu allen Zeiten berühmt gemacht und ihn über das Mittelalter bis heute eindeutig bestimmt. Von ihm stammt auch unser heutiger Begriff »Magnetismus«.

Magnetit ist ein kubisches Eisenerz (Formel Fe_3O_4) aus der Mineralklasse der Oxide. Er ist nahe verwandt mit dem trigonalen Hämatit, ist jedoch im Gegensatz zu jenem magnetisch. Das liegt in der verschiedenen Kristallstruktur der beiden Mineralien begründet. In einer trigonalen Kristallstruktur, einem Gitternetz aus dreieckigen Einheiten, sind die Magnetpole der Eisen-Ionen nich gleichgerichtet. Dadurch entsteht kein einheitliches Feld, die verschiedenen Polarisierungen heben sich gegenseitig auf, wodurch der Hämatit nach außen hin magnetisch neutral erscheint.

In der kubischen Kristallstruktur des Magnetits dagegen, einem Gitternetz aus quadratischen Einheiten, können sich die Eisen-Ionen so ausrichten, daß alle Magnetpole der einzelnen Teilchen in dieselbe Richtung zeigen. Dadurch bildet sich ein Magnetfeld, so daß Magnetit anderes Eisen anziehen kann. Vorausset-

zungen für eine solche übereinstimmende Ausrichtung sind in der Entstehung des Magnetits zwei Faktoren: eine hohe Temperatur, die die einzelnen Teilchen in Schwingung versetzt und »drehbar« macht, und ein starkes Magnetfeld, das die Teilchen gleichrichtet. Diese beiden Faktoren erinnern an die beiden Schlangen in Hildegards Entstehungsgeschichte, zumal die Schlange im Mittelalter ein Symbol der Erdkräfte war (siehe auch *Jaspis*/Achat).

Magnetit kann direkt aus dem flüssigen Magma, aus magnetischen Gasen oder aus heißen wäßrigen Lösungen entstehen. Ebenso kann er sich metamorph durch die Umbildung von Eisenerzen unter Druck und Hitze bilden.

Der Magnetit, der Hildegard von Bingen vom nahegelegenen Fundort in der Eifel her bekannt sein dürfte, entsteht durch magnetische Gase. Dies läßt sich auch in ihrer gleichnishaften Darstellung der beiden Schlangen vermuten: Im Speichel der ersten Schlange, der auf das Eisenerz einwirkt, wären die Gase zu sehen, die in das bestehende Gestein eindringen, es erhitzen und chemisch verändern. Das Gift der zweiten Schlange wäre der Erdmagnetismus, denn darauf führt Hildegard den Magnetismus des Steins selbst zurück. Interessanterweise spricht sie davon, daß der Magnetismus (das Gift) im Stein »angereichert« wird, der Magnetit also in der Folge stärker magnetisch als das Erdmagnetfeld ist. Auch daß sich Magnetit durch Verwitterung (»häufiges Benetzen und Darüberfließen des Wassers«) in Limonit oder Hämatit umwandelt und dadurch der Magnetismus wieder verlorengeht, ist bei ihr erwähnt (das Gift wird »vermindert und verdünnt«).

Steinheilkunde

Hildegard empfiehlt Magnetit gegen Wahnsinn, der bei ihr generell geistige Verwirrung umfaßt. Als Ursachen hierfür sieht sie teuflisches Blendwerk oder schädliche Säfte. Ersteres würden wir heute vielleicht negative Gedanken oder geistigen Angriff nennen, letzteres erinnert an den Hormonhaushalt. Tatsächlich ist Magnetit in beiden Fällen hilfreich. Als kubisches Eisenoxid hilft er uns, eigene Gedanken- und Verhaltensmuster zu ändern. Aus der modernen Steinheilkunde ist bekannt, daß er die Abwendung von den sog. »niederen Beweggründen« hin zu höheren Idealen und die Reflektion darüber, was wir aufnehmen und womit wir uns beschäftigen, unterstützt. So werden auch äußere Einflüsse bewußt, »Nützliches und Unnützes« läßt sich unterscheiden.

Körperlich regt Magnetit die Aktivität aller Drüsen an. Dies scheint eine allgemeine Eigenschaft des Magnetismus zu sein, da sie auch bei künstlichen Magneten oder elektromagnetischen Feldern beobachtet wurde. Der Magnetismus des Magnetits ist im Vergleich zu unseren modernen Geräten jedoch relativ schwach, gerade richtig dosiert, um frei von negativen Nebenwirkungen zu bleiben. So kann er eingesetzt werden, um Unterfunktionen von Hormondrüsen zu beheben. Die Zirbeldrüse (Scheitelbereich) und Hypophyse (Stirnbereich) als zentrale Steuerungen des Hormonhaushalts sind dabei besonders wichtig, um ein harmonisches Zusammenspiel »der Säfte« zu bewirken. Und auch dies wirkt sich ja bekanntlich auf unsere geistige Gesundheit aus.

Anwendung:

Offensichtlich ist Hildegards Anweisung, mit dem Magnetit über Scheitel und Stirn zu streichen, nicht ohne Grund. Er kann dort auch aufgelegt werden, doch sind 10–20 Minuten täglich genug. Dasselbe gilt bei der gezielten Anregung bestimmter Hormondrüsen. Auch hier reicht kurzes tägliches Auflegen völlig aus.

Der Magnetstein

HILDEGARD VON BINGEN: Der Ligurius ist warm. Er entsteht aus einem bestimmten, nicht jedem, Luchsurin. Denn der Luchs ist kein wollüstiges, ausschweifendes und unreines Tier, sondern besitzt ein ausgeglichenes Temperament. Seine Kraft ist so groß, daß er sogar Steine durchdringt, sein Blick ist scharf und er verliert sein Augenlicht nur selten. Aus seinem Urin entsteht jedoch nur dann dieser Stein, wenn die Sonne heiß brennt und die Luft leicht, mild und gut erwärmt ist. Dann erfreut sich das Tier der Wärme und Reinheit der Sonne und der angenehmen, schönen Luft. Will es nun urinieren, so gräbt es mit dem Fuß ein Loch in die Erde und uriniert hinein, und daraus entsteht und wächst der Ligurius unter der Einwirkung der Sonne. Durch die Reinheit der Sonne und die laue Luft, die das Tier berühren und umgeben, und durch seine frohe Stimmung und große Kraft wird der Urin in ihm warm. Wenn er dann abgelassen wird, verdichtet er sich zu diesem Stein in der Art, daß das Verfestigen jenes schönen Steins, der weicher als alle anderen Steine ist, in der Erde geschieht.

Ein Mensch, der heftige Magenschmerzen hat, lege den Ligurius für eine kurze Stunde in Wein oder Bier oder Wasser und nehme ihn dann heraus. Jene Flüssigkeit wird so von den Kräften des Steins durchdrungen und empfängt ihre Kraft von ihm. So verfahre man fünfzehn Tage lang und gebe dem Kranken etwas davon zu trinken, jedoch nicht nüchtern, sondern nach einem kleinen Frühstück. Kein Fieber und keine Krankheit, mit Ausnahme einer tödlichen Krankheit, können in seinem Magen so stark sein, daß der Magen nicht geläutert und gereinigt und der Kranke selbst geheilt würde, es sei denn, sein Tod steht unmittelbar bevor. Niemand sonst soll jedoch dieses Mittel bei irgendeiner anderen Krankheit trinken als eben bei Magenschmerzen! Sonst verliert er sein Leben, denn die Kraft dieses Mittels ist so groß, daß es sein Herz versehrt und seinen Kopf spalten und sprengen würde.

Wer Beschwerden beim Wasserlassen hat, so daß er nicht urinieren kann, der lege den Ligurius einen Tag lang in Kuh- oder Schafsmilch, jedoch nicht in Ziegenmilch. Er nehme ihn am zweiten Tag wieder heraus und erwärme die Milch, bis sie aufwallt, und trinke sie so. Auf diese Weise verfahre er fünf Tage lang, so wird der Urin in ihm gelöst.

Mineralogie

Der Name Ligurius bezieht sich auf Ligurien, jenes Land am Golf von Genua, in dem zur Zeit der Antike eine der Bernsteinstraßen endete, ein Handelsweg, durch den der Mittelmeerraum mit der Ostsee verbunden war. Dort wurde der Ligurius gehandelt, und daher war Ligurien für viele antike Autoren auch gleichbedeutend mit seinem Fundort. Zur Identifikation des antiken und mittelalterlichen Ligurius werden heute jedoch zwei Mineralien herangezogen: Der Sphen (Titanit), der in den ligurischen Alpen gefunden wird und daher früher ebenfalls Ligurius genannt wurde, und der Bernstein, den schon Dioskurides im 1. Jahrhundert n. Chr. mit dem Ligurius gleichsetzt, und der eben von der Ostsee nach Ligurien gelangte.

Welchen Stein Hildegard von Bingen hier meint, ist anhand ihres Textes leicht nachzuvollziehen. Sie bezeichnet den Ligurius als »weicher als alle anderen Steine«, und tatsächlich ist Bernstein (Mohshärte 2–2,5) der weichste klassische Edelstein. Auch stimmt die Erwähnung des Luchsurins und der Magenschmerzen mit vielen anderen Bernstein-Texten überein (Dioskurides, Isidor von Sevilla u. a.). Ligurius als »Luchsstein« wird allgemein als Umdeutung des Volksmunds erklärt. Die griechische Entsprechung des Namens, Lyngurion, wurde mit griech. »lygx« und lat. »lynx« = »Luchs« in Verbindung gebracht. Der Mythos des Luchsurins war dann vermutlich die Folge, zumal Bernstein für einen Edelstein nicht nur weich, sondern auch sehr leicht ist (Dichte 1,05–1,09) und sich beim Anfassen außergewöhnlich warm anfühlt.

In Wirklichkeit ist der goldgelbe bis braune Bernstein ein ca. 40–50 Millionen Jahre altes fossiles Harz. In der Zeitepoche Tertiär war die Erde von Sumpfgebieten und Mooren mit üppigen Wäldern überzogen, die im Laufe der Zeit absanken und zu Braunkohle verdichteten. Dabei entsteht Bernstein durch die Alterung (allmähliche Entwässerung) von Baumharz, dessen organische Kohlenwasserstoffe oxidieren oder sich zu größeren Molekülketten (Polymerisation) verbinden. Er besteht so aus einem Gemisch verschiedenster Alkohole, Aldehyde, Ester, Isoprene und Terpenoide mit Spuren von Schwefelwasserstoff. Durch dieses innere Gemisch hat Bernstein keine kristalline Struktur, sondern bleibt amorph (griech. »gestaltlos«) und nimmt äußerlich die Form der Umgebung an, in die er geflossen ist.

Der Ligurius (Bernstein)

Betrachtet man diese Natur des Bernsteins, so finden sich schon sinnbildliche Parallelen zum Mythos des Luchsurins. Deshalb hat ihn Hildegard wahrscheinlich auch übernommen. Interessant sind jedoch ihre Hinweise auf die Elemente (»Sonne und laue Luft«), denn ohne Sonnenlicht und das Kohlendioxid der Luft gäbe es kein Pflanzenwachstum, keine Bäume, kein Harz, keinen Bernstein. Auch das Klima im Tertiär war milder als heute; und daß der Stein sich in der Erde verdichtet und verfestigt, ist durchaus korrekt.

Steinheilkunde

Dasselbe gilt für den Hinweis der »frohen Stimmung«. Bernstein fördert Freude und Sorglosigkeit und hilft damit insbesondere auch, wenn Sorgen auf den Magen schlagen. Sogar bei schwerer Gastritis oder beginnenden Magengeschwüren! Generell basieren viele seiner Heilwirkungen auf dem sonnigen Charakter, den er hervorruft. Er steigert Hoffnung, Vertrauen und Begeisterung sowie den Glauben an den eigenen Erfolg. Dadurch gelingt es, auch tiefsitzende Ängste zu überwinden, die oftmals ein krampfhaftes Festhalten verursachen. In einer solchen inneren Verkrampfung ist auch die Ursache der bei Hildegard beschriebenen Harnverhaltung zu sehen. Bernstein hilft, loszulassen und dem Leben entspannt und gelassen entgegenzutreten.

Aus den Erfahrungen der modernen Steinheilkunde ist bekannt, daß Bernstein alle Stoffwechselvorgänge der Verdauung sowie der Leber und Nieren günstig beeinflußt. Er hilft, den Knorpel der Gelenke zu regenerieren, erleichtert das Zahnen kleiner Kinder, stärkt die Schleimhäute und fördert die Wundheilung.

Anwendung:

Wie Hildegard schreibt, wirkt Bernstein sehr kräftig, indem er in Flüssigkeit eingelegt wird. Für alle Stoffwechselprobleme können daher auch Bernstein-Essenzen verwendet werden. Bei Magenbeschwerden, Harnverhaltung, Gelenkschmerzen und zur Wundheilung hilft auch direktes Auflegen auf die Haut. Zur Erleichterung des Zahnens haben sich kleine, ca. 30 cm lange Baby-Bernsteinkettchen bewährt; Erwachsenen helfen Anhänger und Ketten aus Bernstein, das beschriebene sonnige Gemüt zu entwickeln.

Der Ligurius (Bernstein) | **119**

HILDEGARD VON BINGEN: Der Kristall entsteht aus einem bestimmten eiskalten Wasser von schwärzlicher Farbe, welches so kalt ist, daß es alles Feuer von sich vertreibt. Denn wenn mitunter eine große Kälte aus der Luft jenes Wasser berührt, so gefriert das Wasser durch die Kälte an manchen Stellen zu einem Block zusammen, so als verdichte sich das Innerste des Wassers zu einem festen Körper. Wenn anschließend die warme Luft oder die Sonne das Wasser berührt, so nimmt sie die dichte weiße Farbe des Blocks durch ihre Wärme hinweg, so daß er fast klar wird, ohne durch die Wärme aufgelöst zu werden. Die später wiederkehrende Kälte verdichtet den Block noch mehr und macht ihn noch klarer. Dieser gewinnt dadurch eine solche Festigkeit, daß die Wärme ihn nicht mehr auflösen kann, obwohl das ganze Eis um ihn schmilzt. So entsteht der Kristall und so bleibt der Kristall.

Wem sich die Augen verdunkeln, der erwärme einen Kristall an der Sonne und lege den warmen Stein regelmäßig auf seine Augen. Weil seine Natur vom Wasser kommt, zieht er die schlechten Säfte aus den Augen, und so wird der Kranke besser sehen.

Wenn Drüsen oder Knoten am Hals des Menschen anschwellen, so erwärme er den Stein an der Sonne, und binde ihn, wenn er warm ist, Tag und Nacht fest auf die Drüsen und Knoten. Auf diese Weise verfahre er regelmäßig, so werden sie schwinden.

Wem die Schilddrüse am Hals wächst oder anschwillt, der erwärme den Kristall an der Sonne und gieße Wein über den warmen Stein. Von diesem Wein trinke er regelmäßig und lege den an der Sonne erwärmten Kristall immer wieder auf die Schilddrüse am Hals, so wird sie kleiner werden.

Wer durch üble Säfte Herzweh, Magenbeschwerden oder Bauchschmerzen hat, erwärme den Kristall an der Sonne und gieße Wasser über den warmen Stein. Dann lege er diesen Stein für eine kurze Stunde in das Wasser, nehme ihn wieder heraus und trinke das Wasser regelmäßig, so wird es ihm im Herz, Magen und Bauch besser gehen.

Der Kristall (Bergkristall)

Wer oft von plötzlicher Ohnmacht befallen wird und wessen Kräfte trotz tatenfreudiger Natur mitunter saft- und kraftlos zusammenbrechen, so daß er totengleich darniederliegt, der erwärme den Stein oder mehrere davon, so er hat, an der Sonne und lege sie einen halben Tag oder eine Stunde oberhalb des Nabels und unterhalb der Brust fest auf. Auf diese Weise verfahre er regelmäßig. Er erwärme den Kristall auch an der Sonne und gieße Wein darüber und trinke diesen regelmäßig, so werden die Ohnmachtsanfälle aufhören.

Wer von Nesselsucht geplagt wird, erwärme den Stein an der Sonne und lege den warmen Stein auf die schmerzende Stelle, so wird der Ausschlag vertrieben werden.

Mineralogie

Der Name Kristall stammt von griech. »krystallos« = »Eis«, was sich auf die klare Erscheinung des Minerals bezieht. Durch die Jahrhunderte wurde immer eindeutig der klare Quarz als »Kristall« bezeichnet. Erst zum Ende des 17. Jhd. erweiterte man den Namen zum »Bergkristall«.
Bergkristall entsteht aus fast reiner wäßriger Kieselsäure-Lösung. Kieselsäure löst sich im Wasser um so besser, je höher Druck und Temperatur sind. Bei Abkühlung oder Druckabfall kann das Wasser die Kieselsäure nicht mehr lösen, so daß sie beginnt, sich abzuscheiden und allmählich von einem kleinen Keim aus zur klaren, trigonalen Quarz-Varietät Bergkristall (Formel: SiO_2) heranzuwachsen.

Da Abkühlung hier eine große Rolle spielt, ist das Bild des gefrorenen Wassers – sinnbildlich verstanden – durchaus treffend. Und tatsächlich ist es auch allein im Wasser später nicht mehr möglich, Quarze erneut aufzulösen. Damit Bergkristall in diesem Prozeß jedoch wirklich klar werden kann, dürfen sich die Zusammensetzung der Lösung, die Temperatur und der Druck nur ganz langsam verändern. Störungen oder plötzliche Veränderungen bei einem dieser Faktoren führen unweigerlich zu Trübungen. Daß trüber Quarz durch Erwärmung in klaren Bergkristall überführt wird, wie Hildegard schreibt, kann mineralogisch allerdings nicht bestätigt werden.

122 | *Der Kristall (Bergkristall)*

Steinheilkunde

Entsprechend seiner klaren Natur fördert Bergkristall beim Menschen geistige Klarheit, Neutralität und verbessert so unsere Wahrnehmung und fördert das Verständnis unseres gesamten Lebens.

Bergkristall wird in der modernen Steinheilkunde eingesetzt, wenn nervöse Störungen Ursache einer Erkrankung sind. Darauf weist Hildegards Beschreibung der spontanen Ohnmacht hin, und auch bei nervösen Beschwerden von Herz, Magen und Darm (vegetativer Dystonie) kommt dies zum Tragen. Bei »verdunkelnden Augen«, wie sie Hildegard von Bingen erwähnt, hilft Bergkristall, wenn die Ursache eine Störung des Sehnervs ist. Bei entzündlichen Beschwerden der Augen wirkt Lapislazuli (Hildegards *Saphir*) besser, bei erhöhtem Augeninnendruck (Glaukom, »grüner Star«) Achat (Hildegards *Onyx*), bei manchen Formen der Linsentrübung (Katarakt, »grauer Star«) Zirkon (Hyazinth), bei Kurz- und Weitsichtigkeit Beryll (Aquamarin) und zur Verbesserung der Wahrnehmungsfähigkeit Sardonyx.

Bergkristall hilft weiterhin bei Infektionen, wirkt fiebersenkend, läßt Lymphknoten abschwellen und lindert den Juckreiz bei Ausschlägen. Achat (Hildegards *Onyx*) und Chrysopras helfen oft besser, Ausschläge auszuheilen, doch bewahrt Bergkristall zumindest davor, den Ausschlag durch Aufkratzen zu verschlimmern.

Schließlich harmonisiert Bergkristall die Funktion der Hormondrüsen. Er setzt direkt an der zentralen Steuerung des Hormonhaushalts an und hilft daher sowohl bei Überfunktionen als auch bei Unterfunktionen der Drüsen. Im Zusammenhang mit der Schilddrüse werden also krankhafte Vergrößerungen in beiden Fällen geheilt (solange das notwendige Jodangebot der Nahrung stimmt!).

Anwendung:

Bergkristall wirkt durch direktes Auflegen auf die betroffenen Bereiche. Bei nervösen Beschwerden empfiehlt sich dazu der Solarplexus, den auch Hildegard benennt (zwischen Nabel und Brust), bei Schilddrüsenbeschwerden zusätzlich auch die Edelstein-Essenz. Für seelisch-geistige Wirkungen sollte Bergkristall kontemplativ betrachtet werden. In Kombination mit anderen Steinen verstärkt er deren Eigenschaften.

Der Kristall (Bergkristall)

*H*ILDEGARD VON *B*INGEN: Es gibt Gewässer, die salzig und fett sind. Aus ihnen entstehen die Margariten. Denn das Fettige und Salzige dieser Gewässer fällt auf dem Sand aus, so daß das Wasser darüber gereinigt wird, die fettigen und salzigen Substanzen sich jedoch zusammen als Margariten ausbilden. Diese Margariten sind rein.

Nimm also diese Margariten und lege sie in Wasser, so wird sich alle Trübung und aller Schlamm des Wassers an den Margariten anlagern, so daß das Wasser darüber rein und sauber wird. Wenn ein Mensch Fieber hat, soll er das darüberstehende Wasser oftmals trinken, dann wird es ihm bessergehen.

Wer an Kopfschmerzen leidet, soll die Margariten an der Sonne erwärmen und die so erwärmten Margariten an seine Schläfen legen und mit einem Tuch festbinden. Auf diese Weise wird er geheilt.

Mineralogie

Der lateinische Name Margarita (von griech. »margarites«) bedeutet Perle. Daher wurde er in früheren Übersetzungen des Hildegard-Textes seiner Wortbedeutung entsprechend auch einmütig mit »Perle« übersetzt. Dennoch herrscht gerade hier große Unsicherheit, da Hildegard gleich im nächsten Kapitel tatsächlich die Perlen beschreibt, als »perla« bzw. »berlin« benannt und klar definiert als Produkte von Muscheltieren in Meeren und Flüssen. Demgegenüber entstehen die Margariten direkt aus »fettig-salzigem Wasser«.

Mangels geologischer Kenntnisse wurde versucht, das Problem sprachlich zu lösen: Margarita als mittelalterlicher Begriff der lateinischen Hochsprache wurde nun als »edle Perle« = »Meeresperle« definiert, das Wort »perla« als Begriff der lateinischen Umgangssprache bzw. Hildegards eingedeutschte Version »berlin« als »einfache Perle« = »Flußperle«. Doch Einigkeit bestand dabei nicht, denn andere Forscher ordneten die Fluß- und Meeresperlen genau umgekehrt zu.

Ein Problem wäre nie entstanden, hätte man Hildegards Beschreibungen der Entstehung ihrer Steine einfach ernst genommen und nicht von vornherein als »mystisch« und »unverständlich« abgetan. Denn nirgendwo beschreibt sie die Entstehung der Steine deutlicher als in diesen beiden Kapiteln. Die »perla« bzw. »berlin« des folgenden Kapitels sind eindeutig die Fluß- und Meeresperlen, denn Hildegard erklärt unmißverständlich, daß sie von »gewissen Muscheltieren (...) im Meer und in großen Flüssen« gebildet werden! Doch was sind dann die Margariten?

In der Geologie ist tatsächlich ein Gestein bekannt, das sich aus bis zu erbsengroßen, perlenähnlichen Kalkkügelchen aufbaut: der Kalkoolith. Dieser Kalkoolith entsteht durch Kalkübersättigung in flachen Gewässern. Wenn der Kalkgehalt eines Gewässers durch das ständige Verdunsten des Wassers immer höher wird oder warmes kalkhaltiges Mineralwasser abzukühlen beginnt, kann das Wasser den Kalk ab einer bestimmten Konzentration oder beim Unterschreiten einer bestimmten Temperatur nicht mehr zu 100% in Lösung halten, er beginnt auszuflocken und sich abzuscheiden.

Unter besonderen Bedingungen bilden sich jedoch nicht die üblichen Kalkkrusten, sondern kleine runde Kügelchen: Dafür müssen winzige Sandkörnchen oder Schwebeteilchen im Wasser vorhanden sein, die als Kristallisationskeime dienen, um welche sich der Kalk nun Schicht um Schicht anlagert. Der Grund für die Bildung dieser perlenähnlichen Kügelchen wird in einer relativ raschen Entstehungszeit und teilweise auch in elektrischen Anziehungskräften der Sandkörnchen vermutet. Auf jeden Fall jedoch entstehen so kleine Kalkperlen ohne jegliche Beteiligung irgendwelcher Muscheltiere!

Und genau das hat Hildegard von Bingen beschrieben und sicherlich auch gemeint: Kalkübersättigtes Wasser sieht tatsächlich milchähnlich getrübt, also »fettig« aus, Salze (gelöste Mineralstoffe) sind in der Regel ebenfalls enthalten. Daß beides nun »auf den Sand ausfällt«, weist sogar auf die kleinen Sandkörnchen als Kristallisationskeime hin und auf die Tatsache, daß die entstandenen Kügelchen in der Folge oft durch toniges oder sandiges Material zu festem Gestein verkittet werden. Schließlich ist auch das Wasser, wie Hildegard schreibt, nach der Ausfällung des Kalks tatsächlich klarer. Auf diese Weise entstehen nun die »Margariten«, kleine »Kalkooide«, welche manchmal auch treffend »Sinterperlen« oder »Kalkperlen« genannt werden.

Mineralogisch betrachtet sind diese schalig aufgebauten Kügelchen entweder Aragonit- oder Calcit-Sphärolithe (»Sphärolith« = »kugeliger Stein«). Beide Mineralien sind chemisch identisch, sie bestehen aus Calciumcarbonat ($CaCO_3$), unterscheiden sich jedoch in der Kri-

126 | *Die Margariten (Kalkoolith)*

stallstruktur: Aragonit ist rhombisch, besitzt also ein Kristallgitter aus rautenförmigen Einheiten, Calcit ist trigonal mit einem Kristallgitter aus dreieckigen Einheiten. Der Unterschied liegt in der Bildungstemperatur: Aragonit entsteht bei Temperaturen über 29 °C, z. B. an Thermalquellen, Calcit bei Temperaturen unter 29 °C.

Aus vielen solcher Kalkperlen zusammengesetzte Gesteine werden mit dem Oberbegriff »Kalkoolith« (griech. »oion« = »Ei«, »lithos« bedeutet »Stein«) oder »Schalenkalk« bezeichnet (wegen des schaligen Aufbaus der Kügelchen). Sind die Kalkperlen sehr klein, so daß das Gestein an Fischlaich erinnert, heißt es auch Rogenstein oder Pisolith (lat. »piscis« = »Fisch«); sind sie annähernd erbsengroß, wird es auch Erbsenstein oder Linsenstein genannt. Die Farbe ist je nach eingelagerten Fremdstoffen weiß, gelblich, grau bis rotbraun oder braun.

Steinheilkunde

Durch Einlegen des Kalkooliths in Wasser kann ein Elixier hergestellt werden, welches unseren Körper reinigt. So wie er selbst durch einen Reinigungsprozeß entstanden ist, so hilft er auch, Gift und Schlacken aus unserem Körper zu entfernen. Darin liegen beide von Hildegard genannten Heilwirkungen begründet. Kalkoolith dürfte so vor allem auch bei stoffwechselbedingten Kopfschmerzen hilfreich sein (sog. »Magenkopfweh«, »Gallenkopfweh«, etc.).

Hildegard von Bingen bezeichnet die Margariten als »rein«. Damit zielt sie sicherlich auch auf eine emotionale »Reinheit« ab, da Kalkoolith im Gegensatz zu den »echten Perlen« eine rein mineralische Entstehung hat. Er stabilisiert emotional und hilft bei Überempfindlichkeit, während Perlen emotional aufwühlend wirken. Vielleicht liegt das darin begründet, daß sie als Fremdkörper aus dem Schmerz eines Lebewesens entstehen (siehe auch das folgende Kapitel).

Anwendung:

Um seine reinigende Wirkung auf Wasser zu übertragen, sollte Kalkoolith nicht länger als einen Tag eingelegt werden. So lassen sich chemische Prozesse minimieren, die zur Lösung von Kalkteilchen führen würden. Außerdem kann Kalkoolith auch bei Fieber direkt am Körper getragen oder aufgelegt werden.

Die Margariten (Kalkoolith) | **127**

HILDEGARD VON BINGEN: Die Perlen entstehen aus gewissen Muscheltieren. Das sind Tiere, die in Schalen liegen und im Meer oder ganz bestimmten großen Flüssen leben. Manche dieser Muscheltiere halten sich auf dem Grund der Flüsse auf und suchen dort auch ihre Nahrung; sie sind etwas giftig. Von dem Unrat, den sie auf dem Grund zu sich nehmen, und von dem Gift, das sie selbst ausscheiden, bilden sich bestimmte Perlen. So entstehen diese. Manchmal sind sie trübe, weil die Tiere sich am Grund der Gewässer aufhalten, und besitzen daher als Heilmittel praktisch keinen Nutzen.

Manche von den Muscheltieren halten sich in der Regel inmitten der Flüsse auf, wo das Wasser sauber ist. Dort nehmen die Tiere weniger Unrat zu sich und besitzen daher selbst auch weniger Gift. Daher werden die Perlen hier leuchtend rein, sie entstehen ja aus dem Wasser, das die Tiere in sich aufnehmen und dem Gift, das sie ausscheiden, und dort in der Mitte der Flüsse ist das Wasser eben ziemlich sauber. Aber trotzdem besitzen sie als Heilmittel praktisch keinen Nutzen. Sie sind nur leuchtender als die anderen und besitzen selbst weniger Gift als jene.

Manche von den Muscheltieren halten sich in höheren Bereichen der Flüsse auf, wo viel Schaum und Unrat im Wasser schwimmt. Aus diesem oberen Schaum und Unrat und dem Gift der Tiere bilden sich bestimmte Perlen, die ebenfalls etwas trübe sind, da sie aus dem Schaum und dem angesammelten Schmutz im Wasser entstehen. Sie haben als Heilmittel gar keinen Nutzen, weil sie den Menschen eher Krankheit als Gesundheit bringen. Würde sie ein Mensch in den Mund nehmen, würde er sich dieselben Krankheiten zuziehen und genau so krank werden, als hätte er Gift eingenommen. Auch wenn er sie auf seine Haut legen würde, so daß sich sein Fleisch durch sie erwärmt, würde er Gift von ihnen in sich aufnehmen und dadurch krank werden und Schmerzen bekommen.

Die Perlen

Mineralogie

Obwohl Perlen Absonderungen von Muscheln sind, wurden und werden sie in gewissem Sinne zu den Edelsteinen gerechnet. Das Wort »perla« aus dem umgangssprachlichen Latein ist seit dem 9. Jhd. überliefert, doch dessen genaue Wurzeln sind unklar. Es kann ebenso dem antiken »perna« = »Muschel, Perle« oder »perula« = »Birnchen« entstammen, zumal gerade im Mittelalter tropfenförmige, in Gold gefaßte Perlen als Ohrgehänge sehr beliebt waren.

Perlen bilden sich in bestimmten Muschelarten, wenn winzige Fremdkörper zwischen die Muschelschalen geraten, sich dort einlagern und die innere Schleimhaut des Muscheltieres reizen. Es entsteht eine Art lokale Entzündung mit der Folge, daß die Muschel kalkige Substanzen, das sogenannte Perlmutt, abscheidet, welche den eingedrungenen Fremdkörper umhüllen und so – Schicht um Schicht, Schale um Schale – die Perle bilden.

Hildegard von Bingen beschreibt diesen Vorgang sehr treffend, wenn sie davon spricht, daß »gewisse Muscheltiere (...) im Meer und großen Flüssen (...) von dem Unrat, den sie auf dem Grund zu sich nehmen, und dem Gift, das sie selbst ausscheiden, bestimmte Perlen bilden.« Sie kannte also den wichtigen Faktor des eindringenden Fremdkörpers, der in der Perlenkunde erst zu Beginn unseres Jahrhunderts (1904) entdeckt wurde! Das ist sensationell, denn zu Hildegards Zeit sah man Perlen eher als kleine Eier oder etwas mystischer als Regentropfen an, die in die geöffnete Muschel gefallen waren. Im 16. Jhd. erst betrachtete man Perlen als Gallensteine der Muscheltiere, was der Wahrheit immerhin schon etwas näher kam.

Mineralogisch betrachtet bestehen Perlen aus dem Mineral Aragonit, einem rhombischen Calciumcarbonat ($CaCO_3$), das jedoch 4–13% Conchyn (komplexe organische Einlagerungen), sowie 3–4% Wasser enthält. Diese organischen Einlagerungen bezeichnet Hildegard wohl als das »Gift, das die Muscheltiere ausscheiden«. Die Muscheln benötigen das Conchyn, damit Aragonit sich schalenförmig um das Sandkorn herum auskristallisiert. Conchyn ist eine Substanz, mit deren Hilfe manche Organismen in der Lage sind, Kristalle in gewünschte Formen wachsen zu lassen.

Da rein mineralisch gebildeten Kalkperlen dieses Conchyn fehlt, sind jene für Hildegard von Bingen »rein« (siehe das vorangegangene Kapitel), während sie die organischen Perlen als »trübe und giftig« bezeichnet.

130 | *Die Perlen*

Trübe ist dabei etwas abwertend formuliert, denn immerhin sind gerade die organischen Einlagerungen für den irisierenden Schimmer der Perlen verantwortlich. Der Glanz der Perle ist von der Wassertemperatur abhängig, wobei kühlere Gewässer offensichtlich glänzendere Perlen hervorbringen. Bestimmte Farben stammten früher aus bestimmten Regionen: Rosa Perlen aus Sri Lanka, cremefarbene aus dem Persischen Golf, burmesische waren weiß bis zartrosa, japanische cremefarben bis grünlich, australische grünlich bis blau und aus dem Golf von Mexiko stammten braune und schwarze Perlen. Durch die modernen Züchtungsmethoden kann man sich darauf jedoch längst nicht mehr verlassen.

Steinheilkunde

Hildegard von Bingen läßt an den Perlen nicht viel Gutes, ihre Empfehlung könnte man auf einen kurzen Satz reduzieren: Wenn schon Perlen, dann möglichst leuchtende, doch auch die haben keinen großen heilkundlichen Wert. Auch der Volksmund beurteilt die Perlen ziemlich hart, indem er kurz und bündig sagt: »Perlen sind Tränen«.

Dies liegt daran, daß Perlen tatsächlich aus dem Schmerz eines Tieres entstehen und daher traumatische Information enthalten. So berühren sie auch bei uns tiefsitzende traumatische Erlebnisse, an die wir uns nur ungern erinnern. Gefühle von Trauer, Verlust und Schmerz können dadurch auftauchen. Für einen therapeutischen Prozeß kann dies von großer Hilfe sein, doch brauchen wir dann auch einen Mitmenschen, der uns hilft, das Geschehen zu verarbeiten und den alten Schmerz aufzulösen.

Die Entstehung der Perle erinnert an die Entstehung von Geschwüren, deren seelische Ursache oftmals unverarbeitete Konflikte sind. Auch hier können Perlen helfen, den Krankheitshintergrund bewußt zu machen, doch ist auch hier vielfach erfahrene, sachverständige Hilfe notwendig.

Anwendung:

Daher empfiehlt es sich, Perlen tatsächlich nur zu tragen, wenn man sich gesund und emotional stabil fühlt. Bei Problemen und Konflikten können sie eine große Hilfe sein, doch sollten sie nur begleitend zu einem therapeutischen Prozeß verwendet werden.

Die Perlen | **131**

HILDEGARD VON BINGEN: Der Karneol stammt mehr von warmer Luft als von kalter. Er wird im Sand gefunden. Wenn jemand aus der Nase blutet, so erwärme Wein und lege den Karneol in den erwärmten Wein. Gib ihm davon zu trinken, so wird das Bluten aufhören.

Mineralogie und Steinheilkunde

Karneol ist ein durch feinverteiltes Eisenoxid orangerot gefärbter Chalcedon, also ein trigonaler Quarz (SiO_2 + Fe). Seinen Namen trägt er aufgrund seiner Farbe, wobei nicht sicher ist, ob der Begriff »Karneol« nun von »cornum« = »Kornelkirsche« oder »carneolus« = »fleischfarben« abgeleitet ist. Bis zur Zeit Hildegards wurde zwischen Sarder, dem braunen Chalcedon (siehe dort) und Karneol nicht unterschieden. Hildegard zählt zu den Ersten, die diese bis heute gültige Unterscheidung trafen. Karneol entsteht in Vulkangesteinen aus eisenhaltiger Kieselsäure, die in Hohlräumen zu kleinen Knollen erstarrt. Er ist widerstandsfähiger als das vulkanische Gestein und findet sich daher, wenn dieses verwittert, tatsächlich »im Sande« liegend. Hildegards Hinweis, daß er »mehr von warmer Luft, als von kalter stammt«, soll ihn wohl vom Sarder abgrenzen. Beim Karneol ist das Eisen aufgrund höherer Entstehungstemperaturen stärker oxidiert, weshalb die intensivere orangerote Farbe entsteht.

Karneol fördert Standfestigkeit, Mut, Selbstüberwindung und die Fähigkeit, Probleme schnell und einfach zu lösen. In der modernen Steinheilkunde wird er zur Verbesserung der Nährstoff-, Vitamin- und Mineralstoffaufnahme im Dünndarm und damit zur Verbesserung der Blutqualität eingesetzt. Vor allem gebänderter Karneol stabilisiert die Wände der Blutgefäße. Im Zusammenspiel der Gerinnungsfaktoren des Bluts und der Heilung verletzter Gefäße liegt wohl auch die von Hildegard genannte Heilwirkung bei Nasenbluten begründet. Weshalb sie keine weiteren Wirkungen benennt, ist unbekannt.

Anwendung:

Karneol kann direkt am Körper getragen, auf den Bauch aufgelegt oder als Essenz eingenommen werden. Auch Hildegards Wein wirkt schnell und sicher.

Der Karneol | **133**

*H*ILDEGARD VON BINGEN: Der Kalk ist warm. Wird er gebrannt, entsteht Kreidepulver, das ebenfalls warm ist. Durch Feuer pulverisiert wird Kalk noch stärker und verbindet mit seinem Feuer Erde und Sand. Wenn Mensch oder Vieh Kalk einnimmt, greift die starke Hitze den an, der es gegessen hat, und macht ihn krank. Ein Mensch, dem ein Wurm an einer Stelle nagt, nehme ein Teil gebrannten und doppelt soviel ungebrannten Kalk und bereite mit Essig oder saurem Wein daraus einen dünnen Mörtel. Diesen trage er mit einer Feder dort auf, wo der Wurm nagt. So verfahre er täglich fünf Tage lang. Danach nehme er ein Teil Aloe und ein Drittel Myrrhe, verreibe sie und mische sie mit frischem Wachs. Dies streiche er auf ein Hanftuch und binde es als Pflaster zwölf Tage auf die schmerzende Stelle. Denn gebrannter Kalk ist warm, ungebrannter kalt, und so vermischt sich die Hitze mit der Kälte und mit der Wärme und Schärfe des Weins, und tötet so die Würmer ab. Die Wärme der Aloe verstärkt die Myrrhe, zieht den Eiter aus dem Geschwür und heilt es.

Mineralogie und Steinheilkunde

Kalkstein (griech. »chalix« = »kleiner Stein«) ist ein graues bis braunes Gestein aus trigonalem Calcit (Calciumcarbonat, $CaCO_3$). Durch starkes Erhitzen wird er zu gebranntem Kalk (Calciumoxid, CaO), der im Kontakt mit Flüssigkeit tatsächlich Hitze entwickelt. Kalk entsteht durch Ablagerung aus kalkhaltigen Gewässern, selten durch Ausfällung übersättigter Lösungen, häufiger durch Skelette toter Organismen (Korallen, etc.).

Kalk-Aufstriche gegen Eiterbeulen, wie Hildegard sie beschreibt, waren im Mittelalter üblich, reizen oder verätzen jedoch die Haut. Statt Kalkstein wird heute als Heilstein das Mineral Calcit verwendet, das größere Kristalle oder transparente Stücke bilden kann. Calcit fördert das Wachstum bei Kindern, beschleunigt geistige Entwicklungen und heilt viele Beschwerden der Knochen, der Gewebe und der Haut.

> ### Anwendung:
> Calcit wirkt langsam aufbauend und sollte daher längere Zeit getragen werden.

Der Alabaster

HILDEGARD VON BINGEN: Der Alabaster hat weder die richtige Wärme noch die richtige Kälte in sich, er hat von beidem und ist sozusagen lauwarm, so daß keine Heilwirkung in ihm gefunden werden kann.

Mineralogie

Alabaster ist ein feinkörniger Gips (Calciumsulfat, $CaSO_4$), von meist weißer, hellgrauer oder pastelliger Färbung, der als Gestein in großen Lagerstätten gefunden wird. Diese bilden sich durch Ausfällung in warmen flachen Gewässern, wenn die Calcium- und Sulfat-Konzentration durch die Verdunstung des Wassers zu hoch wird.

Gipskristalle werden Gipsspat oder Selenit genannt. Sie entstehen bei langsamen Bildungsprozessen, besitzen jedoch dieselben Eigenschaften wie Alabaster.

Steinheilkunde

Gips und Alabaster hemmen Stoffwechselvorgänge und energetische Prozesse. Von daher lassen sie sich nur begrenzt als Hilfsmittel verwenden, um psychische und energetische Prozesse zu blockieren. In Situationen, in denen uns alles zuviel wird, wenn wir das Gefühl haben, verrückt zu werden, oder wenn das Auf und Ab der Emotionen zu extrem wird, können Gips und Alabaster helfen, eine Pause einzulegen und alle unerträglichen Phänomene zu unterdrücken. Eine solche Unterdrückung sollte nur im Notfall vorgenommen werden. Ansonsten ist es immer besser, sich so weit wie möglich auch mit unangenehmen Dingen zu konfrontieren und auseinanderzusetzen.

Anwendung:

Gips und Alabaster sollten daher nur im akuten Notfall für einige Minuten in die Hand genommen werden, bis die Situation sich wieder beruhigt hat. Vor längerem Gebrauch ist dringend abzuraten.

HILDEGARD VON BINGEN: Die übrigen Steine, die in verschiedenen Erden und in verschiedenen Gegenden entstehen und von den Erden, in denen sie entstehen, verschiedene Eigenschaften und verschiedene Farben erhalten, haben als Heilmittel keinen besonderen Wert. Dazu zählt z.B. der Marmor, der Sandstein, der Kalkstein, der Tuffstein, der Feldstein und andere dieser Art. Denn sie enthalten entweder zuviel Feuchtigkeit, die nicht durch die richtige Trockenheit ausgeglichen wird, oder zuviel Trockenheit, die nicht durch die richtige Feuchtigkeit angefeuchtet wird.

Anmerkung des Autors

In ihrem Schlußwort knüpft Hildegard von Bingen wieder an ihr Vorwort an, in welchem sie das Wesen der Edelsteine als die harmonische Verbindung von Feuer (Trockenheit) und Wasser (Feuchtigkeit) darstellt. Damit bezieht sie sich auf die Dualität der Schöpfung, nach welcher ein harmonisches Leben, Gesundheit, Erfüllung und Glück immer dann gegeben sind, wenn beide Pole in unserem Leben zu einem Gleichgewicht finden.

Hildegard von Bingen hat nur jene Edelsteine als Heilsteine beschrieben, die ein solches ausgewogenes Verhältnis besitzen. Die übrigen Steine beurteilt sie als zu einseitig. Nur 24 Heilsteine erfüllen mit gewisser Einschränkung (Perlen) ihren Maßstab, die anderen (auch der Alabaster) haben in ihren Augen keinen großen Wert.

Vom Standpunkt der modernen Steinheilkunde kann man zu Hildegards Aussage bestätigend anmerken, daß es noch immer eine kleine Zahl von Heilsteinen ist, welche umfassende Wirkungen besitzen und aufgrund ihrer inneren Ausgewogenheit auch unbedenklich zur Selbsthilfe verwendet werden können. Andere sind in ihren Wirkungen manchmal sehr extrem und können daher nur von kundiger Hand gezielt eingesetzt werden. Von den heute wichtigen Heilsteinen waren zu Hildegards Zeiten viele eben noch nicht bekannt, doch umgekehrt fällt auf, daß *alle* Heilsteine der heiligen Hildegard von Bingen auch heute noch zu den wichtigsten zählen!

Nachweis der abgebildeten Mineralien

Kapitel	Seitenzahl	Abgebildetes Mineral	Zur Verfügung gestellt von
Smaragd	Seite 18	Smaragd, Brasilien	Michael Gienger, Kusterdingen
Hyazinth	Seite 24	Zirkon, Brasilien	Michael Gienger, Kusterdingen
Onyx	Seite 30	Achat, Brasilien	Karfunkel GmbH, Wüstenrot
Beryll	Seite 36	Beryll, Brasilien	Wolfgang Dei, Jesenwang
Sardonyx	Seite 40	Sardonyx, Brasilien	Karfunkel GmbH, Wüstenrot
Saphir	Seite 46	Lapislazuli, Afghanistan	Karfunkel GmbH, Wüstenrot
Sarder	Seite 54	Sarder, Indien	Michael Gienger, Kusterdingen
Topas	Seite 60	Topas, Brasilien	Wolfgang Dei, Jesenwang
Chrysolith	Seite 66	Peridot, Brasilien	Marco Schreier, Ludwigsburg
Jaspis	Seite 72	Heliotrop, Indien	Michael Gienger, Kusterdingen
Prasem	Seite 78	Prasem, Griechenland	Michael Gienger, Kusterdingen
Chalcedon	Seite 82	Chalcedon, Namibia	Michael Gienger, Kusterdingen
Chrysopras	Seite 86	Chrysopras, Australien	Michael Gienger, Kusterdingen
Karfunkel	Seite 92	Granat, Österreich	Michael Gienger, Kusterdingen
Amethyst	Seite 98	Amethyst, Uruguay	Karfunkel GmbH, Wüstenrot
Achat	Seite 102	Jaspis, Indien	Karfunkel GmbH, Wüstenrot
Diamant	Seite 108	Diamant, Südafrika	Peter Melchior, Freiburg
Magnetstein	Seite 112	Magnetit, USA	Karfunkel GmbH, Wüstenrot
Ligurius	Seite 116	Bernstein, Polen	Michael Gienger, Kusterdingen
Kristall	Seite 120	Bergkristall, Brasilien	Michael Gienger, Kusterdingen
Margarita	Seite 124	Erbsenstein, Tschechien	Mineralog. Institut der Uni. TÜ
Perlen	Seite 128	Perle, Burma	Andreas Silbermann, Stuttgart
Karneol	Seite 132	Karneol, Botswana/Indien	Michael Gienger, Kusterdingen
Kalk	Seite 134	Kalkstein, Portugal	Michael Gienger, Kusterdingen

Literatur zur Steinheilkunde

Michael Gienger
Die Steinheilkunde
Neue Erde Verlag Saarbrücken 1995

Dieses Buch erläutert die Grundlagen der modernen Steinheilkunde und erklärt die Hintergründe, wie und weshalb Edelsteine heilen. Ein praktisches Handbuch.

Michael Gienger
Lexikon der Heilsteine
Im Osterholz Verlag Ludwigsburg 1997

Das derzeit umfangreichste deutschsprachige Lexikon zum Thema (300 Steine). Klärt auch über mineralogische Fakten, Fälschungen, etc. auf.

Amandus Korse
Edelstein-Essenzen
Groene Toermalijn, Hoogland 1988

Eine praktische Einführung in die Handhabung und Anwendung der Edelstein-Essenzen. Bereits ein Klassiker.

Barbara Newerla
Sterne und Steine
Im Osterholz Verlag Ludwigsburg 1995

Die Verbindung von Steinheilkunde und Astrologie, geschrieben von einer langjährigen Kennerin beider Fachgebiete.

Sofia Sienko
Der Steinschlüssel
Windpferd Verlag Aitrang 1995

Ein praktisches und humorvolles Handbuch zur Steinheilkunde und eine hervorragende Ergänzung zu Michael Giengers Büchern.

Literatur zu Hildegard von Bingen

Hildegard von Bingen
Scivias – Wisse die Wege
Otto Müller Verlag Salzburg 1954

Das grundlegende visionäre Werk Hildegards zur Kosmologie von Gott, Mensch, Engeln und der Schöpfung.

Hildegard von Bingen
Liber vitae meritorum
Otto Müller Verlag Salzburg 1972

Das »Buch vom Leben in der Verantwortung« schildert den Platz und den Auftrag des Menschen in der Schöpfung.

Hildegard von Bingen
Liber divinorum operum
Otto Müller Verlag Salzburg 1965

Das »Buch der göttlichen Werke« schildert die Beziehung von Gott und Mensch und die göttliche Natur des Menschen.

Hildegard von Bingen
Naturkunde (Physica)
Otto Müller Verlag Salzburg 1959

Das erste medizinisch-naturkundliche Werk Hildegards, aus dem auch das »Buch von den Steinen« entnommen ist.

Hildegard von Bingen
Heilkunde (Causae et Curae)
Otto Müller Verlag Salzburg 1959

Das zweite, in diesem Jahrhundert erstmalig verlegte, medizinisch-naturkundliche Werk Hildegards.

Hildegard von Bingen
Das Buch von den Steinen
Otto Müller Verlag Salzburg 1979

Eine Übersetzung des Lapis Lapidarum mit interessanten Hinweisen zur Hildegard-Forschung und zum Quellenstudium.

Otto Betz
Hildegard von Bingen
Kösel Verlag München 1996

Eine sehr empfehlenswerte Sekundärliteratur, die in das Leben und das Werk Hildegards einführt. Leicht zu lesen, ein guter erster Einstieg für alle Interessierte.

Dr. G. Hertzka, Dr. W. Strehlow
Die Edelsteinmedizin der hl. Hildegard
Bauer Verlag Freiburg 1985

Der Klassiker zu Hildegards von Bingen Edelsteinmedizin, geschrieben aus der Erfahrung ärztlicher Praxis.

Mineralogische Literatur

Hans Lüschen
Die Namen der Steine
Ott Verlag Thun 1968

Das einzige sehr gut recherchierte Nachschlagewerk zur Herkunft der Namen von Edelsteinen, Mineralien und Gesteinen.

Medenbach/Sussieck-Fornefeld
Mineralien (Steinbachs Naturführer)
Mosaik Verlag München 1982

Ein sehr gut verständliches Mineralienbuch, gut bebildert und mit einer Einführung in die wichtigsten mineralogischen Grundbegriffe. Für Einsteiger und Kenner.

Kontaktadresse Steinheilkunde

Wenn Sie Interesse an weiteren Informationen, Vorträgen und Seminaren zur Steinheilkunde und zu den Heilsteinen der heiligen Hildegard von Bingen haben, in einer der Forschungsgruppen mitarbeiten oder die Entwicklung der Steinheilkunde fördern möchten, so wenden Sie sich bitte an den

Steinheilkunde e.V. Stuttgart
Herrn Walter von Holst
Schurwaldstr. 72
70186 Stuttgart
Tel. + Fax: 07 11 / 48 20 87

Sachwortverzeichnis

Abhängigkeit 29
Abszesse 23
Achat 31 ff, 42, 53, 58, 64, 74, 90, 103 ff, 114, 123
Alabaster 136
Allergie 64 ff
Alpträume 76, 90 ff
Ameisenbiß 107
Amethyst 33, 64, 99 ff, 107
Angina pectoris 34
Angst 51, 119
Anregung 64
Anspannung 35
Ansteckung 93, 103
Anwendungen
– Anhänger 23, 45, 53, 69, 77, 91, 101
– Anhauchen 19, 71, 83
– auf nüchternen Magen 37
– Auflegen 23, 91, 101 ff, 115, 119, 122 ff, 133
– Augen 121
– Bauch 81, 91, 113, 133
– bei abnehmendem Mond 65
– Hand 91, 117, 136
– Haut 59, 69, 83 ff, 87 ff, 103 ff, 111, 119
– Heliotrop-Oliven 77
– Hosentasche 85, 91
– in Bier 85
– in Flüssigkeit 104, 117 ff
– in Milch 117
– in Speisen 26, 31, 62, 104
– in Wasser 34, 37, 73, 104, 109, 117, 121, 125, 127, 135
– in Wein 25, 31, 47 ff, 53 ff, 59 ff, 67, 104, 109, 117, 122, 133
– Kehle 87
– Kette 23, 45, 53, 69, 77, 91, 101, 119
– Kopf 93
– Körperader 83
– Kristall 101
– mit Dampf 38, 47, 62, 99, 103
– mit Essig 135
– mit Maulbeerwein 62
– mit Olivenöl 62, 67
– mit Rainfarn 79

– mit Salbei 79
– mit Schmalz 79
– mit Speichel 99
– mit ungesäuertem Brot 88
– mit Urin 59
– mit Veilchensaft 62
– mit Wachs 48, 135
– mit Weizenbrot 25
– mit Weizenbrotteig 79
– mit Zwieback 26
– Mund 59, 72, 109
– Nabel 79, 81, 93, 97
– nach dem Essen 49
– n. d. Frühstück 117
– nachmittags 65
– nachts 59
– oberh. d. Nabels 122
– Rohstein 77
– rundpolierter Stein 39, 77
– Scheitel 93, 115
– Schläfen 125
– Schmuck 77, 80, 91
– Solarplexus 123
– Stirn 23, 111, 115
– tagsüber 53
– Thymusdrüse 77
– Tragen 65, 91, 131, 133 ff
– um Mitternacht 97
– unterh. d. Brust 122
Aphonie 51
Aquamarin 37 ff, 53, 123
Aragonit 126, 130
Ärger 69
Atemwege 85
Aufbau 97, 135 ff
Aufdringlichkeit 53
Aufmerksamkeit 101, 107
Aufregung 85
Aufrichtigkeit 45
Augen 23, 25, 28 ff, 31, 34, 39, 47, 53, 61, 64 ff, 85, 117, 121 ff
Ausbrüche, emotionale 39, 52, 95
Auseinandersetzung 28, 81, 136
Ausgeglichenheit 87, 90, 117
Ausscheidung 34, 37, 90
Ausschlag 81, 58, 122
Austreibungsphase (Geburt) 59
Aventurin 81
Bakterieninfekt 59
Bauch 67, 69, 121
Befreiungsgefühl 69

Begeisterung 28, 119
Begierde 48 ff
Beharrlichkeit 39, 83
Beherrschung 29, 53, 81, 83
Beherztheit 83, 85
Belastung 29, 39, 69, 90
Belebung 43, 64
Bergkristall 29, 33, 121
Bernstein 117 ff
Beruhigung 64, 90, 104, 136
Beryll 20, 37 ff, 53, 64, 68, 88 ff, 123
Besänftigen 85
Beschwerden, nervöse 123
Besessenheit 22, 48, 53, 87
Bettruhe 58
Beulen 81
Bewußtsein 12, 29, 52, 101
Bilder, innere 76
Biotit-Linsen 59
Blase 34 ff, 53
Blut 34 ff, 57, 83, 133
Blutbahn 107
Blutdruck 85, 97
Blutgefäße 34, 133
Blutjaspis 73
Blutqualität 96, 133
Bosheit 17, 48, 109
Brust 76, 85
Calcit 126, 135
Chalcedon 29, 32 ff, 42 ff, 56, 74, 77, 80, 83 ff, 89, 106, 133
Charakter 45, 111, 119
Choleriker 81
Chrysolith 63, 67 ff, 90
Chrysopras 22, 73, 79, 87 ff, 123
Darm 34, 81, 97, 101, 123
Denken 28, 52, 91, 109
Diabetes 85
Dialog, innerer 101
Diamant 109 ff
Disziplin 22, 39, 45
Drogen 29
Drüsen 85, 115, 121
Dünndarm 97, 133
Durchblutung 76
Durchfall 101
Durchhaltevermögen 106
Durchsetzungsvermögen 27

Edelstein-Essenz 39, 45, 65, 81, 101, 107, 111, 119, 123, 133
Egoismus 38
Ehrgeiz 38
Eifer 72
Eifersucht 90
Eigenständigkeit 29, 34, 64
Einschlafen 91
Eiter 75, 135
Emotion 52, 80, 127, 131, 136
Empfindung 14
Energiebahnen 97
Energiefluß 64, 96
Entgiftung 23, 34, 39, 69, 75 ff, 81, 90 ff, 107
Entsäuerung 23, 64, 75
Entspannung 35, 101, 119
Entwicklung 101, 135
Entzündung 22, 25, 35, 65, 75, 81, 85, 101, 107, 123, 130
Epidemien 34
Epilepsie 19 ff, 87 ff, 103, 107
Epiphyse 115
Erbrechen 37
Erbsenstein 127
Erfüllung 137
Erholungsphase 45
Erkältung 77, 85
Erkenntnis 13, 47, 52
Erleben, seelisches 35
Erlebnisse, traumatische 131
Erlebnisse, unabgeschlossene 76
Erleichterung 23
Erneuerung 22
Erschöpfung 23
Fallsucht 19 ff, 87 ff, 103, 107
Fasten 91, 109
Feigheit 51
Festigkeit 83, 85
Fieber 25, 29, 31 ff, 41 ff, 55, 58, 61, 64, 65, 67, 69, 76, 79, 81, 85, 93, 96, 117, 123, 125, 127
Flecken im Gesicht 99
Flexibilität 64
Flußperle 125
Folgeschäden von Krankheiten 58
Freiheit 29, 111
Freude 119
Freundlichkeit 45

Sachwortverzeichnis | **141**

Friede 51, 81, 101
Fröhlichkeit 29
Galle 23, 59, 69
Gastritis 119
Gebärmutter 34 ff
Geborgenheit 34, 90
Geburt 56, 59, 72, 76
Gedanken 27, 51, 72, 76, 115
Gefäße 35, 111, 133
Gefühle 14, 45, 131
Gehirn 20, 23
Gehör 44, 55, 58, 71
Geist, menschlicher 12, 27, 41, 72
Geistesgifte 34
Geisteskrankheit 29, 109, 111
Gelassenheit 39, 44, 76, 119
Gelbsucht 55 ff, 109 ff
Gelenke 76, 119
Gemüt 81, 85, 90, 119
Gereiztheit 107
Geruch 44
Geschmack 44
Geschwüre 20, 23, 131, 135
Gesicht 99
Gesundbeten 65
Gesundheit 58, 65, 104, 115, 131, 137
Gewalttätigkeit 29
Gewebe 34, 90, 91, 135
Gewebsflüssigkeit 33
Gewissen 11
Gewohnheiten 51 ff, 91, 111
Gicht 47, 53, 71, 76, 87, 91, 93, 97, 109, 111
Gift 33, 37, 61, 64, 73, 87, 90, 103, 107, 113, 115, 127, 129
Gips 136
Glaukom 85, 123
Gleichgewicht 53, 85, 137
Gliedmaßen 76
Glück 137
Granat 58, 93 ff, 68
Halbmond 87
Hals 51, 121
Haltbarkeit 94
Handlungen 51, 91, 95
Handlungssinn 28
Handschmeichler 23, 45, 53
Harmonie 12, 23
Harnverhaltung 119
Härte 109 ff

Hauch (Schlange) 72 ff
Haut 34 ff, 55, 58, 64, 65, 81, 99, 101, 107, 135
Heiserkeit 51
Heliotrop 29, 59, 71 ff, 73, 79, 80, 85, 105
Hepatitis 59
Herrschaft, geistige 29, 53, 101
Herz 19, 23, 26, 29, 31, 34 ff, 62, 67, 69, 71, 73, 76, 77, 117, 121, 123
Herzschmerz, seel. 69
Hirnhautentzündung 58
Hitzschlag 81
Hoffnung 97, 119
Hören 44
Hormone 53, 115, 123
Hornhaut (Auge) 47
Humor 90
Hunger 93, 109
Hyazinth 25 ff, 49, 58, 64, 123
Hypophyse 115
Ideale 22, 39, 115
Idee, neue 28, 52, 106
Immunsystem 22, 34, 45, 57, 58, 75 ff, 81, 84, 96, 97, 107
Impulsivität 28
Individualität 22, 64
Infektion 45, 59, 69, 73, 76, 77, 85, 90, 97, 123
Infektionskrankheiten 57, 75, 81
Initiative 69
Innere Bilder 14, 52
Innere Erkrankung 23
Innere Stimme 10
Insektenstich 81, 107
Instinkt 13
Intelligenz 52
Jähzorn 41, 45, 83, 109
Jaspis 32 ff, 59, 85, 71 ff, 103 ff, 114
Juckreiz 123
Kalk 50, 126, 135, 137
Kalkoolith 125 ff
Karfunkel 58, 93 ff, 68
Karneol 33, 42, 56, 74, 133
Katarakt 123
Kehlkopf 51
Kindsbett 72
Klarheit 23, 41, 61, 63, 110, 123

Klugheit 48, 52, 103, 106
Knochen 135
Knorpel 119
Koliken 23
Komplikationen 58
Kompromisse 51
Konflikte 29, 80, 131
Konfrontieren 85, 136
Kontemplation 39, 101, 123
Kontrolle 22, 52, 80
Konzentration 107
Kopfschmerz 19, 22, 47, 55 ff, 93 ff, 125, 127
Körperflüssigkeiten 33 ff, 53, 57, 75, 84, 85, 90, 96, 97
Kraft 59, 67, 87, 97, 104, 122
Krämpfe 29
Krankheit 13, 19, 21, 45, 55, 57, 58, 83, 85, 93, 97, 117
Krankheitserreger 58, 75, 97
Kreislauf 96, 97
Krisen 21, 96 ff
Kristall (Bergkristall) 109, 110, 121 ff
Kritikfähigkeit 51
Kühlung 81, 90
Kurskorrektur 22
Kurzsichtigkeit 39, 123
Lachzwang 26, 29
Lapislazuli 47 ff, 123
Lärm 44
Leben 51, 53, 69, 111, 137
Lebenseinstellung, positive 91
Lebenskraft 57
Lebensmittelvergiftung 61
Lebensmut 97
Leber 23, 34, 59, 69, 81, 90, 91, 111, 119
Leid 11, 21, 45
Leidenschaft 49
Lernvermögen 69
Liebe z. Weisheit 47, 52
Liebeskummer 90
Liebeswahn 48
Ligurius 117 ff
Linsentrübung 123
Loslassen 119
Lügen 109
Lunge 101
Lust 26, 41
Lüsternheit 48, 53

Lymphe 34 ff, 75, 84 ff
Lymphknoten 81, 123
Magen 19, 23, 31, 34, 47, 117 ff, 121, 123
Magnetismus 114 ff
Magnetit 113 ff
Magnetstein 113 ff
Margariten 125 ff
Marmor 50, 137
Meditation 101, 111
Meeresperle 125
Menstruations-
beschwerden 29
Milieu 75, 97
Milz 23, 31, 35, 62 ff
Mineralstoffe 53, 133
Mittelohrentzündung 58, 76
Monatsblutungen 29
Mond 87, 91, 93 ff, 104
Mondsüchtigkeit 103 ff
Moosachat 57, 73, 74, 80, 106
Morgenurin 58
Müde, matt, abgeschlagen 69
Muscheln 125, 126, 129, 130, 135
Mut 133
Muttermilch 85
Muttermund 59, 76
Nabel 67
Nährstoffaufnahme 97, 133
Nase 23, 71, 77, 133
Nebenhöhlen 23
Nerven 96, 101, 111
Nervosität 39
Nesselsucht 122
Neutralisierung 23
Neutralität 123
Niedergeschlagen 32
Niere 34, 53, 90, 119
Ödeme 85
Ohnmacht 122 ff
Ohren 44, 71, 77, 85
Olivin 67 ff
Onyx 31 ff, 42, 53, 58, 64, 90, 105, 123
Ordnung 64, 69
Orientierung 22
Peridot 63, 67 ff, 90
Perlen 125, 129 ff
Phantasie 106
Pragmatismus 34, 76, 106
Prasem 29, 58, 79 ff, 88, 97
Prellung 79, 81
Problemlösung 34, 52, 76, 131, 133
Prüfung 28

142 | *Sachwortverzeichnis*

Rat 72, 76
Rauchen 85
Realismus 34, 52, 106
Reden 83, 106
Reflektion 28, 43, 69, 115
Regeneration 22 ff, 35, 45, 59, 64, 75, 76, 81, 85, 91, 96, 97, 119
Reichtum, innerer 65
Reinheit 41, 63, 72, 84, 117, 127
Reinigung 35, 43, 67 ff, 91, 111, 117, 125, 127
Reizleitung 96
Reizüberflutung 44
Rheuma 23, 53, 76, 91, 97, 111
Riechen 44
Rosenquarz 29
Rubin 27, 94, 96
Ruhe 37, 71 ff, 85, 101
Säfte 20, 25, 32 ff, 61, 67, 71 ff , 75, 76, 90, 93, 96, 103, 113, 115, 121
Saphir 27 ff, 47 ff, 68, 123
Sarder 33, 42, 45, 55, 58, 64, 74, 133
Sardonyx 41 ff, 57, 123
Säure/Basen-Haushalt 53
Schilddrüse 121, 123
Schizophrenie 29
Schlaf 53, 76, 91, 107
Schlag 79
Schlaganfall 109, 111
Schlange 72 ff, 99, 113
Schleimbildung 23
Schleimhäute 85, 119
Schmarotzer 69
Schmecken 44
Schmerzen 19, 23, 29, 31, 34 ff, 47, 59, 69, 73, 76, 79, 81, 87, 97,101, 103, 107, 127, 129, 131
Schnupfen 71, 76
Schreck 35
Schuldgefühle 69
Schüttelfrost 93
Schutz 34, 44, 75
Schwäche 22 ff, 45, 93, 96, 97
Schwangerschaft 35, 56
Schwellung 23, 99, 121

Schwierigkeiten 85, 97
Schwitzen 41, 45, 58
Sehen 25, 34, 39, 44, 121, 123
Seite, Körper 19, 23, 31
Selbstbestimmung 22, 45, 65, 69, 81
Selbstheilung 101
Selbsthilfe 137
Selbstkontrolle 45, 91
Selbstüberwindung 45, 111, 133
Selbstvertrauen 45, 65
Selenit 136
Seuchen 55, 57
Sexualität 29
Sicherheit 34, 83, 107
Sicht (Augen) 28
Sicht, geistige 53
Signatur 35
Sinn des Lebens 7, 11, 52, 106
Sinne 41, 44, 113
Sinnen 109, 111
Smaragd 19, 29, 79, 91
Sonnenbrand 81
Sonnenstich 81
Sorgen 35, 76, 119
Spannung 23, 34, 101, 107
Spinnenbiß 99, 101, 107
Spirituelle Entwicklung 101
Spontanität 28
Stabilität 27, 34, 35, 39, 45, 65, 107
Standfestigkeit 72, 133
Standhaftigkeit 44
Standpunkt, klarer 72
Star 47
Star, grauer 123
Star, grüner 85, 123
Stärke 39, 44 ff, 65, 67
Stein der Redner 85
Stillen 85
Stimmbänder 51
Stimmung 117, 119
Stimmverlust 51
Stirnhöhlen 23
Stoffwechsel 33, 53, 97, 119, 127, 136
Stolz 38
Störung, nervöse 123
Störzone, pathogen. 77
Strahlenschäden 81
Streit 37, 39, 81, 107
Strenge 22
Streß 39, 76
Sturz 79

Sucht 91
Tasten 44
Taten 28, 111, 106
Tatkraft 69, 122
Taubheit 55, 71, 76
Temperament 117
Tinnitus 44
Tollheit 48
Topas 58, 61 ff, 65, 68
Tränen 131
Trauer 67, 69, 131
Traum 53, 71, 73, 76, 101, 131
Trauma 29, 81
Trieb, unkontrollierter 45
Trübsinn 32 ff
Trübung d. Augen 25
Trugbilder 71
Tüchtigkeit 103, 106
Tuffstein 137
Tugend 38 ff, 45
Tugenden 17
Übelkeit 23
Überempfindlichkeit 127
Überlegen 28
Übersäuerung 53, 91, 97
Übersicht 52
Umwelteinflüsse 111
Umweltgifte 34
Unangenehmes 136
Unausgeglichenheit 107
Unbeständigkeit 72
Unbezwingbarkeit 110
Unerträglichkeit 136
Unfallneigung 107
Unglücklichsein 80
Unheil 63
Unruhe, innere 107
Unterdrückung 136
Unterscheidungsfähig-keit 28
Unwohlsein 34, 76, 85
Unzufriedenheit 80
Urin 55, 117
Vegetat. Dystonie 123
Veranlagung 44, 123
Verarbeitung, seelische 76, 131
Verdauung 34, 119
Vergänglichkeit 27
Vergessen 51
Vergiftung 34, 39, 61, 64, 65
Vergrößerungen 123
Verhaltensmuster 51, 91, 115
Verkrampfung 76, 119

Verletzung 35, 101
Verlust 101, 131
Verrücktwerden 136
Versöhnung 81
Verstand 41 ff, 47 ff, 51 ff, 72 ff, 104 ff, 113
Verständnis 52, 103, 106, 123
Vertrauen 90, 97, 119
Verwicklungen 45
Verwirrung 69, 104, 107, 115
Verzauberung 25
Virusinfektionen 59
Vision 11 ff, 14
Vitalität 43, 97
Vitaminaufnahme 133
Vorsicht 51
Wachbewußtsein 51 ff, 101
Wachheit 64
Wachstum 135
Wahnsinn 25, 29, 95, 109, 113, 115
Wahrheit 51
Wahrnehmung 14, 44, 51, 123
Wärmeregulierung 97
Warzen 69
Wassereinlagerung 85
Wehenförderung 59
Weisheit 10, 69, 101
Weitsichtigkeit 39, 123
Wetterfühligkeit 34, 85
Widerstandskraft 64, 96, 97
Wille 27, 97, 106, 111
Wirbelsäule 76
Wissen 11, 17, 47 ff, 52, 67, 92
Wochenbett 56
Wollust 117, 26, 41
Wundheilung 35, 119
Würmer 20, 135
Wut 69, 81
Zahnen 119
Zeckenbisse 101
Zellatmung 96
Zerstreuung 69, 72
Ziel 22, 38, 52
Zirbeldrüse 115
Zirkon 25 ff, 123
Zorn 48, 52, 81 ff, 87 ff
Zufall 28
Zügellosigkeit 41
Zunge 83
Zurückhaltung 29, 51
Zuversicht 45
Zwang 29, 91
Zwiespältigkeit 29

Sachwortverzeichnis | **143**

Bücher über das Leben im Einklang mit der Natur – Alle Titel der Edition Panta Rhei

Michael Gienger
Die Heilsteine der Hildegard von Bingen

Das Hausbuch der Steinheilkunde. Neue Erkenntnisse zu alten Weisheiten
144 Seiten, ca. 50 Zeichnungen, 24 Farbfotos

Vom alten Ägypten über die Antike bis ins Mittelalter zieht eine ununterbrochene Linie der Überlieferung des Wissens um die Heilkraft von Steinen. Erstmals werden alle Heilsteine der Hildegard von Bingen mineralogisch exakt definiert und den modernen wissenschaftlichen und heilkundlichen Erkenntnissen gegenübergestellt. Denn acht Heilsteine wurden in der bisherigen Literatur oftmals falsch übersetzt oder zugeordnet!

Kurt Simon
Erdstrahlen und Wasseradern

Wie sie auf Menschen, Tiere und Pflanzen wirken, wie man sie erkennt, welche Schutzmaßnahmen es gibt
128 Seiten, 25 Farbfotos

Erdstrahlen und Wasseradern beeinflussen unseren Organismus negativ, auf die Dauer schwächen sie unser Abwehrsystem, machen uns nervös und krank. Wie kann man die gefährliche Strahlung in Häusern und Wohnungen aufspüren? Was kann man gegen die Strahlenbelastung wirksam tun? Dieses Buch informiert umfassend wie man Erdstrahlenbelastungen jeder Art beheben kann, um Wohlbefinden und Gesundheit zu fördern.

Sonja M. Sagmeister
Wohnen mit Feng Shui

Mehr Harmonie, Gesundheit und Erfolg durch gezieltes Einrichten und Gestalten. Das Praxisbuch für Einsteiger
128 Seiten, ca. 30 Farbfotos, 74 Illustrationen

Minimale Veränderungen in der Umgebung können das Wohlgefühl eines Menschen enorm beeinflussen. Die gezielte Wohnraumgestaltung nach den uralt überlieferten Prinzipien des Feng Shui führt zu mehr Harmonie und Lebensenergie. Für jeden einzelnen Raum der Wohnung wird gezeigt, wie man ungünstige Grundausstattungen verbessern kann und werden ideale Maße, Farben und Möbel genannt.

Dr. med Elke Haase-Hauptmann
Die Gesundheitsküche der Hildegard v. Bingen

Ausgewogene und schmackhafte Ernährung für inneres Gleichgewicht und Wohlbefinden
128 Seiten, ca. 50 farbige Illustrationen

Hildegard von Bingen erkannte bereits vor 900 Jahren, was die moderne Ernährungswissenschaft heute bestätigt: Abwechslungsreiche Kost erhält die Gesundheit. Dieses Kochbuch ist nach Lebensmitteln, Jahreszeiten und köstlichen Rezepten gegliedert, die nach Hildegard von Bingen Körper und Geist wohltun.